디지털 교육의 미래
워크플로우 러닝

디지털 교육의 미래

워크플로우 러닝

—

2023년 4월 24일 1판 1쇄 인쇄
2023년 5월 2일 1판 1쇄 발행

—

지은이 홍정민
펴낸이 이상훈
펴낸곳 책밥
주소 03986 서울시 마포구 동교로23길 116 3층
전화 번호 02-582-6707
팩스 번호 02-335-6702
홈페이지 www.bookisbab.co.kr
등록 2007.1.31. 제313-2007-126호

—

기획·진행 권경자
디자인 디자인허브

—

ISBN 979-11-93049-00-6 (03320)
정가 20,000원

책밥은 (주)오렌지페이퍼의 출판 브랜드입니다.

디지털 교육의 핵심 트렌드, 일과 학습의 결합 워크플로우 러닝

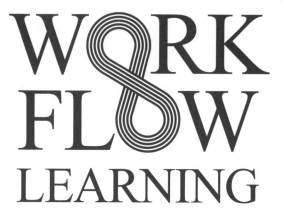

WORK
FLOW
LEARNING

디지털 교육의 미래

워크플로우 러닝

홍정민 지음

책밥

프롤로그

인류 역사에서 일과 학습은 구분된 개념이 아니었다. 일을 하려면 배움이 필요했기에, 학습이 곧 일이고 일이 곧 학습이었다. 사람들은 일을 통해 배웠고 배우면서 일하는 것이 그들의 삶이었다.

산업화는 이런 일과 학습의 관계에서 많은 변화를 가져왔다. 산업화 이후 공장에는 많은 사람이 필요했고 사람들의 빠른 숙련화는 반드시 필요한 과정이었다.

사람들을 보다 효과적이고 효율적으로 학습시키기 위해서는 표준화된 콘텐츠를, 표준화된 강사가, 표준화된 공간에서 전달하는 것이 필요했고, 이것이 근대 교육의 시작이었다.

이를 위해 학교와 연수원이 생겨나고 표준화된 내용을 효율적으로 빠르게 학습시키기 시작했다. 이렇게 만들어진 학교와 연수원은 인류의 산업화에 상당한 역할을 한 것이 사실이다. 학교 외에 연수원을 통해 사람들의 교육 수준이 상향 평준화되었고 이는 산업화의 핵심적인 원동력이었다. 교육은 학교와 연수원이라는 공간을 통해 표준화된 내용을 대중들에게 빠르고 효율적으로 전달한 것이다.

수많은 대중에게 표준화된 내용을 빠르게 학습시키기 위해서는 사람들을 일에서 분리해 별도의 공간에서 압축적으로 학습시키는 것이 필요했고, 교육의 공급적인 측면(공급이 한정적이고 수요가 넘치는 상황)에서는 위와 같은 방법이 가장 효과적이었다. 이러한 이유로 산업화 이후 일과 학습은 철저히 분리되었다.

이제 우리는 산업화 시대의 발전을 거쳐 4차 산업혁명 시대에 살고 있다. 쇼핑몰, 영화관, 음식점, 오락실 등 과거 시공간적으로 분리되었던 공간들이 내 손 안의 스마트폰 속으로 들어왔다. 모바일 터치 몇 번으로 쇼핑을 하고 영화를 즐기고 음식을 주문하며 게임을 즐길 수 있는 시대가 된 것이다.

교육 또한 변화를 맞고 있다. 기술의 발달로 과거 학교와 연수원에 가야만 배울 수 있었던 콘텐츠들을 이제는 언제 어디서든 쉽게 접근할 수 있게 된 것이다. 연수원이나 학교에 가지 않아도 일을 하면서 얼마든지 배울 수 있는 환경 속에서 살아가고 있다. 일과 학습이 굳이 분리될 이유가 없어진 것이다.

이런 흐름은 교육에도 투영되고 있는데, 그 키워드가 바로 일과 학습의 결합을 의미하는 워크플로우 러닝^{Workflow Learning}이다. 워크플로우 러닝은 현장에서 교육의 가장 강력한 트렌드로 자리 잡고 있다.

이 책에서는 변화하는 시대에 맞춰 디지털 교육의 화두로 떠오르고 있는 워크플로우 러닝에 대해 함께 살펴보고자 한다. 먼저 워크플로우 러닝이 왜 필요한지에 대해 살펴보고, 다음으로는 워크플로우 러닝에서 쓰이는 핵심 툴인 버추얼 러닝, 마이크로 러닝, 러닝 플랫폼, 러닝 저니 등의 방식에 대해 알아볼 것이다. 3장에서는 워크플로우 러닝의 핵심인 학습몰입과 이부분을 어떻게 해결해야 하는지에 대해, 4장에서는 인공지능이 어떻게 맞춤형 학습을 지원하는지, 5장에서는 메타버스가 교육을 어떻게 더욱 효과적으로 만드는지에 대해 살펴볼 것이다. 6장에서는 교육과 밀접한 연관이 있는 인적자원^{Human Resource} 분야에서 어떤 기술이 어떻게 활용되고 있는지에 대해 함께 짚어 보고, 다음 장에서는 워크플로우 러닝 시대에 우리가 갖추어야 할 역량에 대해, 마지막 장에서는 워크플로우 러닝을 추진할 때 알아야 하는 팁에 대해 정리해보았다.

아무쪼록 이 책의 내용들이 기업을 중심으로 디지털 교육의 핵심 방향으로 자리 잡은 워크플로우 러닝을 이해하고 적용하는 데 독자들에게 조금이나마 도움이 되었으면 하는 바람이다. 더불어 책이 나오기까지 함께 응원해준 가족과 하나님께 감사드리며, 책밥출판사 담당자들에게도 진심 어린 감사를 전하고 싶다.

2023년 봄날에
홍정민 씀

차례

3 워크플로우 러닝의 핵심 이슈
학습몰입과 업무성과

4 맞춤형 학습을 지원하는 인공지능

5 학습효과 극대화를 위한 메타버스의 활용

6 HR 테크의 급성장과 교육에의 시사점

일과 학습의 결합 시대, 우리는 무엇을 갖추어야 하는가

워크플로우 러닝 실무자를 위한 5가지 팁

에필로그
디지털과 결합된 통합 학습: 하이브리드 러닝

1

워크플로우 러닝의 시대

워크플로우 러닝은 교육이 이루어지는 곳이 클래스룸(교육장)에서 업무환경으로 이동함을 의미한다. 더불어 일과 학습의 결합을 의미하는 것이다. 디지털 트랜스포메이션이라는 거대한 흐름 속에서 워크플로우 러닝은 교육의 큰 트렌드로 자리 잡고 있다. 코로나19로 인한 디지털 트랜스포메이션의 가속화는 디지털을 활용한 워크플로우 러닝의 구현을 앞당기고 있는 것이다. 또한 사무실 근무와 재택근무가 결합되어 언제 어디서든 일할 수 있는 근무환경인 하이브리드 워크는 워크플로우 러닝의 필요성을 지지하고 있다.

워크플로우 러닝의 이해와 이론적 배경

워크플로우 러닝이란

코로나19 이후 교육환경은 많은 변화를 맞이했다. 디지털 교육이 일반화되었고, 실시간 온라인 교육 툴인 줌Zoom과 웹엑스WebEX, 소셜 러닝 툴인 카훗Kahoot과 페들렛Padlet 등은 일상 속에 깊이 자리 잡았다.

2021년 ATD21Association of Talent Development 2021(2021년 세계 최대 기업교육 컨퍼런스)에서 조너선 홀스Jonathan Halls는 지금 우리 교육은 큰 위기를 맞고 있으며 교육전문가들의 역할이 매우 중요해졌다고 강조했다. 또한 이런 위기에서 벗어나기 위해서는 '클래스룸Classroom 딜레마'를 극복해야 한다고 주장했다.

산업화 이후에는 대부분의 교육이 학교와 연수원이라는 공간에서 이루어졌기 때문에 '교육은 클래스룸에서'라는 공식이 어느 정도 우리 머릿속에 자리 잡고 있었다. 하지만 디지털 기술의 발달로 언제 어디서든 교육콘텐츠에 접근할 수 있게 되었고, 다양한 상호작용이 가능한 디지털 환경하에서 클래스룸 중심의 교육은 이제 큰 변화가 필요해 보인다.

클래스룸 중심의 교육환경에서는 '학습은 교육장에서, 일은 업무현장에서' 진행해야 했다. 일과 학습이 철저히 분리되어 있었다. 교실에서 학습한 후 업무현장에 적용하는 것은 학습자들의 몫이었고, 배움과 실행의 시간 차이로 인해 배운 것을 망각하거나 배운 것을 제대로 적용하는 데 많은 어려움이 있었다.

워크플로우 러닝은 학습의 공간을 클래스룸에서 워크플로우Workflow가 일어나는 업무현장으로 가져오는 것을 의미하며, 이는 다음과 같이 정의해볼 수 있겠다.

워크플로우 러닝은 조직의 실질적 성과 창출을 위해 일과 학습을 결합하게 하는 학습프로세스를 의미하며, 업무현장 속에서 다양한 학습과 성과지원 및 상호작용을 지원하는 학습전략을 의미한다.

그렇다면 클래스룸 기반의 학습과 일과 학습이 결합된 워크플로우 러닝에는 어떤 차이가 있을까? 다음의 가상사례를 통해 살펴보자.

클래스룸 기반 학습 사례

고길동은 한 달 전 〈메타버스의 이해〉라는 1일짜리 오프라인 세미나를 신청해 두었다. 메일을 통해 '메타버스'라는 단어를 처음 접했는데 잘 이해가 되지 않아서 세미나를 신청한 것이다. 세미나에 참석해 들어보니 초반에는 이해가 쉬웠지만 뒤로 갈수록 내용이 어렵게 느껴졌다. 소비자 트렌드 리포트를 작성해야 하는데 막막한 상황이다. 우선 제목에 소비자가 포함된 참고도서를 구매하기 위해 퇴근길 서점에 들러볼 예정이다. 초임 팀장으로서 열심히 노력하고 있는데 잘되지 않는다. 2개월 뒤 회사에서 개설한 팀장 대상 코칭 프로그램인 〈팀장 코칭 역량 향상〉 과정을 2박 3일 동안 들어볼 생각이다. 이 과정을 듣기 전에 진행해야 하는 직원 면담도 조금은 부담스럽다. 더불어 고객사에 상품 시연을 하러 가기 전에 선배 팀장과 커피 한 잔 하면서 조언을 듣기로 했는데, 선배 팀장에게 급한 일이 생겨 약속이 취소되었다.

워크플로우 러닝 기반 학습 사례

홍길동은 9시에 출근해 메일을 받는다. 메일 내용에 '메타버스'라는 모르는 개념이 있어 사내 온라인 교육시스템에 연결해 〈메타버스의 이해〉라는 10분짜리 영상을 통해 기본적인 학습을 한다. 10시에는 소비자 트렌드 리포트 작성을 위해 미리 신청해 둔 〈소비자 트렌드 분석〉 라이브 강연을 듣고 이를 바탕으로 몇 가지 참고사항을 발췌해 리포트를 작성한다. 오후 1시에는 일대일 화상회의로 리더십 관련 코칭을 받는다. 2시에는 3시에 진행하게 될 직원 면담을 위해 회사에서 제공하는 면담 서식과 〈직원 면담 시 꼭 알아야 할 3가지 스킬〉이라는 사내 블로그 학습자료를 살펴본다. 4시에 있는 고객사 미팅은 상품 시연으로 진행될 예정이다. 사내 자료실에 접속해 〈상품 시연에 대한 우수 사례〉에 대해 학습한다.

모바일과 디지털이 보편화되어 있는 업무환경에서 업무의 흐름은 지속적으로 연결된다. 프로젝트를 마감하고 문자 메시지 및 메신저를 통해 답변한다. 쌓여 있는 이메일을 처리하고 회의에 참석하느라 배울 수 있는 기회를 마련하기가 쉽지 않다.

이런 환경에서 학습자들은 업무의 흐름 안에서 학습하고 이를 바로 업무에 적용하기를 원한다. 지금부터의 학습은 클래스룸으로 장소를 이동해 업무흐름과 단절된 시공간 속에서 이루어지는 것이 아니라 워크플로우 속에서 바로 진행할 수 있기를 원하는 것이다.

■ 워크플로우 러닝의 개념

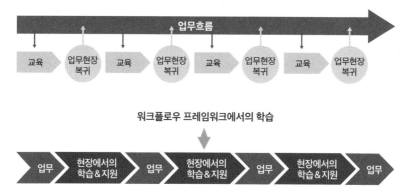

언제 어디서든 즉각적으로 학습을 실행할 수 있는 환경을 제공하는 것이 워크플로우 러닝이 기존의 클래스룸 기반의 교육과 가장 큰 차이점이라고 할 수 있다.

결론적으로 설명하면 워크플로우 러닝은 그동안의 일과 학습의 시공간적 단절을 극복하기 위한 학습방식이다. 업무현장에서 일하면서 학습하고, 학습하고 다시 일하는 것을 의미한다.

702010과 교육이 필요한 순간

워크플로우 러닝의 중요성은 교육에서 그동안 지속적으로 제기된 개념이다. 이를 뒷받침하는 이론으로는 대표적으로 702010 모델과 교육이 필요한 순간Moment of Need을 들 수 있다.

우선 702010 모델에서 확인할 수 있듯이 우리의 배움은 일방향 교육에서만 이루어지는 것이 아님을 강조한다. 학습은 10%만 교육으로 이루어지고, 20%는 타인을 통해, 70%는 경험을 통해 이루어진다는 이론이다.

그동안 교육은 10%의 배움이 일어나는 클래스룸에 집중해왔다. 20%의 영역인 타인을 통한 학습이나 70% 영역인 업무경험을 통한 학습

■ 워크플로우 러닝의 이론적 배경

은 클래스룸이 아닌 일상생활 또는 업무현장에서 일어나는 학습이다. 배움의 90%가 워크플로우 과정에서 일어나기 때문에 우리는 더욱 워크플로우 러닝에 집중할 필요가 있는 것이다.

두 번째 워크플로 러닝을 받쳐주는 이론으로 '교육이 필요한 순간 Moment of Need'을 들 수 있다. 위의 그림은 사람들에게 교육이 필요한 순간을 단계별로 표시하고 있다. 무엇인가 처음 배울 때, 더 배우고자 할 때, 배운 것을 적용하고자 할 때, 무언가 잘못 되어가고 있을 때, 그리고 변화가 필요할 때 우리는 교육을 필요로 한다.

지금까지 이루어진 클래스룸에서의 교육은 처음 배울 때의 필요(니즈)가 대부분이었다. 하지만 학습자들에게 교육이 필요한 순간은 일상생활에서 발생하는 경우가 대부분이다. 일을 하다가 더 알고 싶을 때, 배운 것을 적용하려고 하는데 잘 안 될 때, 그리고 일이 잘못되어 가는 것 같아 방향을 바꾸거나 변화가 필요할 때 교육의 도움을 절실히 필요로 하는 것이다.

교육이 필요한 순간은 지금의 교육이 처음 배울 때의 필요를 충족하는 것 이상으로 나아가야 함을 말하고 있다. 일상에서 실질적으로 필요한 학습을 지원하는 워크플로우로 이동해야 함을 보여주고 있는 것이다.

워크플로우 러닝으로의 환경변화 1
코로나19가 앞당긴 디지털 트랜스포메이션

디지털 트랜스포메이션

경영컨설팅 회사 AT커니^{AT Kearney}는 디지털 트랜스포메이션^{Digital Trans-formation}에 대해 '모바일, 클라우드, 빅데이터, 인공지능, 사물인터넷 등 디지털 신기술로 촉발되는 경영환경상 변화에 선제적으로 대응하고, 현재 비즈니스의 경쟁력을 획기적으로 높이거나 새로운 비즈니스를 통한 신규 성장을 추구하는 기업 활동'이라고 정의한다.

아디다스의 스피드 팩토리^{Speed Factory}는 디지털 트랜스포메이션의 대표적인 사례라 할 수 있는데, '근로자 10명이 50만 켤레의 신발을 만드는 공장'으로도 유명하다. 바로 이 한 줄의 표현이 스피드 팩토리의 정체성을 보여준다. 아디다스 본사가 위치한 독일에 설립한 이 공장에서는 2016년부터 단 6대의 로봇이 기존에 3주 정도 소요되는 공정을 5시간으로 절감하고 있다. 이 비약적인 생산성 향상으로 아디다스는 중국과 동남아시아에 설립했던 공장을 철수하고 23년 만에 독일 현지로 옮겨 제품을 생산하기로 결정했다.

스피드 팩토리에서 만드는 신발은 연간 50만 켤레다. 기존 공장에서 동일한 생산량을 맞추기 위해서는 600명의 인력이 필요하다. 하지만 스피드 팩토리에는 단 10명만 근무한다. 1인당 생산성이 기존 공장에 비해 60배나 높은 셈이다. 뿐만 아니라 이 공장에서는 과거 획일화된 기성품이 아닌 주문자의 선택에 따라 개인 맞춤형 상품을 생산하고 있다. 생산성은 극대화하면서도 소비자의 다채로운 니즈를 모두 충족시킬 수 있는, 완전체에 가까운 공장이 가동되고 있는 것이다.

디지털 트랜스포메이션은 디지털 기반으로 생산성과 업무효율성을 획기적으로 높여주고 있으며, 기업 현장에 큰 변화를 일으키고 있다. 이것이 디지털 트랜스포메이션에 모든 조직들이 주목하는 이유다.

위와 같이 디지털 트랜스포메이션은 제조업뿐만 아니라 이미 모든 산업을 휩쓸고 있다고 보아도 과언이 아니다. 미디어나 인터넷 산업은 말할 것도 없으며, 금융 산업에서는 디지털과 금융이 결합된 핀테크가, 자동차 산업에서는 자율주행자동차가, 유통 및 물류 산업에서는 스마트 물류가, 에너지 산업에서는 전력 공급자와 소비자가 실시간 정보를 교환함으로써 에너지 효율을 최적화하는 스마트 그리드^{Smart Grid}가, 건설 산업에서는 스마트 팩토리가 가장 중요한 키워드로 떠오르고 있다. 뿐만 아니라 농업에서는 농업^{Agriculture}과 기술^{Technology}이 결합된 아그리테크^{Agri-Tech}가, 식품 산업에서는 푸드테크^{Food Tech}가 확산하고 있다. 즉 디지털 트랜스포메이션은 전 산업군에 걸쳐 일어나고 있는 대전환이다.

코로나19로 가속화된 디지털 트랜스포메이션

디지털 트랜스포메이션은 2019년부터 경영의 화두로 등장했다. 우리나라에서도 많은 대기업들이 '어떻게 하면 우리 비즈니스를 디지털화할 것인가?' '어떻게 하면 업무 프로세스를 디지털화할 것인가?'에 대한 해답을 찾기 위해 노력하고 있다.

이런 디지털 트랜스포메이션에 기름을 부은 것이 바로 코로나19다. 마이크로소프트 CEO 사티아 나델라^{Satya Nadella}의 "2년 걸릴 디지털 트랜스포메이션이 코로나19로 인해 2개월 만에 완성되었다"는 말처럼 기업과 생활환경의 디지털화는 코로나19로 인해 급속도로 빨라진 것이 사실이다.

코로나19로 인해 전통적인 오프라인 유통업체들은 경영난을 겪었으나 온라인 유통 기업들은 폭발적인 성장을 경험했다. 배달 애플리케이션의 급성장은 외식 산업의 판도를 바꾸었다. 여행업과 숙박업 및 항공업은 사회적 거리 두기로 인해 직격탄을 맞은 데 반해, 디지털 기반의 여가활동인 게임과 스트리밍 비디오 서비스들은 급성장했다. 교육 산업도 전통적인 오프라인 기관들의 약세 그리고 온라인 기반의 교육서비스 강세로 요약될 수 있다.

디지털 트랜스포메이션은 산업뿐만 아니라 우리의 삶 또한 바꾸고 있다. 코로나19로 인해 우리가 압축적으로 경험한 디지털 서비스는 코로나19 시대가 종식되어도 지속적으로 남아 있을 것이다. 사람들은 디지털 경험과 과거의 오프라인 경험을 동시에 누리며 각 서비스들의 장점만 취할 것이다. 코로나19는 디지털과 오프라인이 공존하는 새로운 세계를 우리에게 남겨 주었다.

디지털 트랜스포메이션과 워크플로우 러닝

일과 학습의 결합은 그동안 교육이 꾸준히 추진해온 일이었다. 교육의 거장 존 듀이John Dewey는 '실행을 통한 학습Learning by Doing'의 중요성을 강조했다. 이후 교육계에서는 WLPWorkplace Learning & Performance라는 개념이 등장하면서 현장에서 배우고 성과를 창출하는 방향으로 일과 학습

■ 워크플로우 러닝의 발전

을 결합시켜야 한다고 주장했다. 이후 2010년대 들어와서는 702010 이라는 개념이 보편적으로 활용되기 시작했는데, 사람들의 배움에 있어서 교실에서 배우는 것은 10%밖에 되지 않고 20%는 타인을 통해, 나머지 70%는 업무경험을 통해 배운다는 것이다. 이는 90%의 배움(타인을 통한 배움과 업무경험을 통한 배움의 합)이 업무현장에서 발생되며 현장에서의 일과 학습의 결합이 무엇보다 중요함을 나타내는 것이다.

이들 개념은 워크플로우 러닝과 매우 상통한다. 하지만 그동안 이러한 키워드를 교육현장에서 실질적으로 실행하기는 어려웠다. 그 이유

중 첫 번째는 오프라인 중심의 교육환경이었기 때문이다. '교육 = 클래스룸(교육장)'이라는 인식이 사람들 머릿속에 깊이 자리 잡고 있어 업무현장은 업무만 하는 곳이지 교육과는 별개의 장소로 여겨졌다. 두 번째 이유는 디지털 기술의 발달 수준이었다. 모바일이나 인터넷 기술의 발달이 미미하던 시기에는 워크플로우 러닝의 진행을 위해 교육전문가들이 일일이 현장으로 달려가야만 했다. 이러한 상황은 시공간적, 비용적 한계가 있음을 보여준다.

코로나19는 오프라인 중심의 교육에 대한 고정관념을 없애버렸다. 코로나19 기간 동안 사람들은 어쩔 수 없이 워크플로우 환경에서 디지털 교육을 경험하기 시작했다. 그리고 그들은 디지털 교육이 생각보다 괜찮고 효과적이라 말한다. 이는 우리가 오프라인 중심으로 교육받는 동안 디지털 교육 기술이 매우 발전했기 때문일 것이다.

A사는 아이스크림 회사다. 그동안 A사는 신제품이 출시될 때마다 전국에 있는 체인점의 점주 또는 점원을 대상으로 신제품 제조 방법에 대한 오프라인 교육을 진행했다. 하지만 코로나19가 본격화하면서 이러한 교육이 불가능해지자 신제품 교육을 버추얼 러닝으로 대체했다. 미리 아이스크림 제조에 필요한 재료를 우편으로 발송하고, 정해진 시간에 모여 라이브 환경하에서 교육을 진행했다. 결과는 매우 성공적이었다. 특히 지방에 있는 점주와 점원은 교육 때문에 서울로 올

라가는 시간과 비용을 절감할 수 있다는 점에서 상당히 긍정적이었다. 코로나19가 잠잠해진 후에도 A사의 신제품 교육은 계속 라이브로 진행하고 있으며, 이러한 방식은 앞으로도 지속될 것이라 말한다.

일과 학습의 결합에 장벽이었던 오프라인 중심 교육에 대한 사람들의 인식은 코로나19와 디지털 트랜스포메이션으로 인해 무너지고 있다. 코로나19가 앞당긴 디지털 트랜스포메이션이 워크플로우 러닝의 가능성과 효과를 더욱 높여주고 있다. 일과 학습의 결합이라는 그동안의 교육 난제를 해결하고 있는 것이다.

워크플로우 러닝으로의 환경변화 2
재택근무의 일반화, 하이브리드 워크 환경

하이브리드 워크

하이브리드 워크Hybrid Work란 구성원이 사무실과 재택근무를 혼합해 활용할 수 있도록 하는 유연한 업무환경을 의미한다.

코로나19 이전에는 재택근무가 많이 시행되지 않았을 뿐이지 그 개념이 새로운 것은 아니었다. 하지만 코로나19는 재택근무를 많은 사람들에게 강제적으로 체험하게 만들었고 이는 급속히 퍼져나갔다. 이제 재택근무는 우리에게 익숙한 근무환경으로 자리매김했다.

코로나19가 잠잠해진 이후에도 재택근무는 일상이 되었다. 많은 기업들이 재택근무와 사무실 근무를 혼합해 활용하는 하이브리드 워크 환경을 제공하고 있다. 재택근무의 장점과 사무실 근무의 장점을 혼합하는 방식으로 일터와 일하는 방식이 변화하고 있는 것이다.

2022년 2월 컨설팅 기업 PwC^PricewaterhouseCoopers는 미국 내 72%의 조직이 하이브리드 워크 환경을 제공하고 있다고 발표했다. 시티뱅크는 일주일에 3일만 사무실로 출근해 근무하고 나머지는 재택근무가 가능하도록 하고 있다. 우버는 집과 가까운 지역 거점 사무실을 제공하면서 이마저도 50%만 사무실에서 근무하면 되도록 하고 있다. 단, 일주일에 3일 이상은 출근해야 한다.

세계경제포럼^WEF이 전 세계 29개국 직장인 1만 2,500명을 상대로 한 조사에서도 65%의 응답자가 '코로나19 이후에도 유연한 근무환경을 원한다'고 답했으며, 30%는 '사무실 근무를 강요하면 이직을 고려하겠다'고 응답했다.

하이브리드 워크는 기업의 인사관리에 큰 숙제를 안겨주고 있다. 직원들의 관리감독 및 통제 이슈, 직장 내 커뮤니케이션 활성화 이슈, 소속감 증진 이슈, 신입사원 교육 이슈 등이 그것이다. 새롭게 바뀐 업무환경은 '어떻게 하이브리드 워크 환경하에서 최고의 성과문화를 만들 것인가'라는 혁신적인 과제를 기업의 인사 담당자에게 던져 주고 있는 것이다.

하이브리드 워크와 워크플로우 러닝

하이브리드 워크 환경은 워크플로우 러닝을 가속화하고 있다. 하이브리드 워크 환경에서는 구성원들을 클래스룸으로 불러 모으기가 어려워졌기 때문이다. 사무실에 출근해 협업할 시간도 많지 않은데, 오프라인 교육을 위해 별도의 시간을 할애하기가 더욱 어려워진 것이다. 또한 구성원들의 입장에서도 '집이든 회사든 이동 중이든 언제 어디서나 업무를 진행할 수 있는데 교육은 클래스룸으로 이동해야 한다?'는 것 자체가 납득하기 어려운 부분인 것이다.

하이브리드 워크 환경하에서는 시간과 장소에 구애받지 않고 업무할 수 있는 환경을 제공한다. 구성원들은 집이든 회사든 이동 중이든 언제 어디서나 일할 수 있다. 마찬가지로 회사 내 임직원들은 학습도 업무처럼 언제 어디서나 진행할 수 있는 환경을 원하고 있다. 워크플로우 러닝이 하이브리드 워크 환경 속에서 필수로 인식되는 이유다.

하이브리드 워크의 보편화는 교육을 위한 핵심 방식이 클래스룸 중심에서 워크플로우 러닝으로 자연스럽게 이동하고 있음을 보여주는 것이다.

2

워크플로우 러닝과
핵심 툴

워크플로우 러닝에서는 기존의 오프라인 교육 외에 버추얼 러닝, 러닝 저니, 마이크로 러닝, 러닝 플랫폼 등 4가지 학습방식이 많이 쓰인다. 이들은 워크플로우 러닝을 지원하는 대표적인 툴로 자리 잡고 있다. 짧게 배워 바로 쓰는 마이크로 러닝, 교실을 업무공간으로 가져온 버추얼 러닝, 학습을 이벤트가 아닌 프로세스로 바꾼 러닝 저니, 그리고 학습과 학습관리를 디지털로 지원하는 러닝 플랫폼은 워크플로우 러닝에 꼭 필요한 도구로 활용되고 있다.

워크플로우 러닝과
학습방식의 변화

워크플로우 러닝을 지원하는 학습방식

영국의 석학 찰스 제닝스^{Charles Jennings}는 수백 명의 사람들과 인터뷰한 결과 그들의 가장 큰 배움은 일터에서 이루어졌다는 사람이 80%, 교실에서 이루어졌다는 사람이 20%였다. 우리는 배우며 일하고 또 일하며 배운다.

앞에서 설명한 80%의 학습경험은 주로 업무현장에서 일어난다. 업무현장에서 자연스럽게 학습이 일어날 수 있도록 하기 위해서는 기존의 클래스룸(교육장) 중심에서 워크플로우 중심의 학습방식으로 변화가 필요하다.

■ 워크플로우 러닝의 핵심 툴

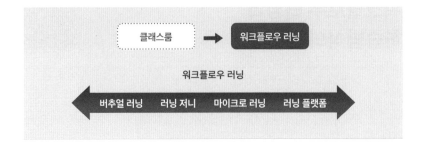

워크플로우 러닝에서는 기존의 오프라인 교육 외에 버추얼 러닝, 러닝 저니, 마이크로 러닝, 러닝 플랫폼의 4가지 학습방식이 대표적으로 많이 쓰이는데, 이들은 워크플로우 러닝을 지원하는 대표적인 툴로 자리 잡고 있다.

먼저 버추얼 러닝Virtual Learning이다. 버추얼 러닝은 코로나19 이후 보편화된 교육방식으로 교육장에 갈 필요 없이 줌이나 웹엑스 등 버추얼 러닝 플랫폼에 접속하면 자연스럽게 학습을 진행할 수 있다. 강사의 교육을 라이브로 생생하게 들을 수 있으며, 오프라인에서만 진행되던 그룹토의 및 실습활동도 소그룹 토의방이나 주석 또는 채팅기능을 통해 실시간으로 경험할 수 있다. 실시간 화상 기술의 발달은 오프라인 클래스룸으로 이동할 필요 없이 나만의 공간에서 교육프로그램을 즐길 수 있도록 만들어주었다. 버추얼 러닝은 다양한 형태의 교육을 공간의 이동 없이 워크플로우 환경에서 실시간으로 즐길 수 있다는 점에서 워크플로우 러닝의 중요한 학습방식 중 하나다.

두 번째는 러닝 저니Learning Journey다. 그동안의 교육은 단기적 이벤트 형식에 집중했었다. 3일짜리 오프라인 교육이나 한 달짜리 이러닝 등 단기간에 집중적으로 학습하고 마무리하는 형식이었다. 하지만 현장에서 배운 내용을 기억하고 적용하는 것은 학습자의 몫으로 남겨졌다. 러닝 저니는 이러한 단점을 극복하고자 학습을 단기 이벤트가 아닌 학습여정으로 설계하는 것을 의미한다. 3개월 또는 6개월, 1년짜리 프로그램으로 워크플로우 안에서 배우고 실행하고, 실행하고 또 배우는 학습여정이 바로 러닝 저니 프로그램이다.

다음의 예시 프로그램은 회복탄력성 러닝 저니 프로그램이다. 3개월 동안 회복탄력성에 대한 개념 이해부터 실습 및 공유활동까지 다양한 학습이 이루어지는 모습을 볼 수 있다. 1개월차에는 회복탄력성 사전

■ 러닝 저니 프로그램 예시

1개월차	회복탄력성 사전학습	2일 오프라인 워크숍	동료 코칭 (애플리케이션)	팀 활동 (애플리케이션)
2개월차	90분 버추얼 러닝	동료 코칭 (애플리케이션)	90분 버추얼 러닝	개인 전략 발표 (애플리케이션)
3개월차	90분 버추얼 러닝	팀 토론 (애플리케이션)	동료 코칭 (애플리케이션)	1일 오프라인 워크숍

학습을 온라인으로 진행하고, 이후 2일짜리 오프라인 워크숍을 통해 실천계획을 세운다. 현장에서 실천하면서 실천 후기를 애플리에케이션에 남기고 동료들의 코칭을 받는다. 그룹별로 나누어 팀 활동을 통해 '실패 유형에 따른 회복탄력성 발휘'라는 과제를 애플리케이션에 업로드한다. 2개월차에는 팀 활동에 대한 과제를 버추얼 러닝을 통해 공유하고 함께 피드백을 받는다. 마지막으로 3개월차에는 그동안의 성과를 공유하고 축하하는 오프라인 워크숍을 진행한다. 러닝 저니는 예시처럼 워크플로우 안에서 다양한 학습경험을 함께하며 배우고 적용해보고 성장하는 프로그램이다.

러닝 저니 프로그램 안에는 버추얼 러닝, 오프라인 교육, 이러닝, 코칭, 공유활동 등 다양한 학습경험이 포함되는데, 이렇게 다양한 경험들을 워크플로우 안에서 유기적으로 연결시키는 것이 교수자의 핵심 역할이다.

세 번째는 마이크로 러닝이다. 짤강(짧은 강의)이라 불리는 마이크로 러닝은 일반적으로 학습용으로 제작된 5~7분 분량의 영상, 인포그래픽, 1~2장의 문서 등의 형식을 취한다. 마이크로 러닝은 워크플로우 러닝에서 콘텐츠로서 중요한 역할을 하는데, 업무현장에서 바로 활용되기 위해서는 긴 형식의 콘텐츠보다는 짧은 형식의 콘텐츠가 주효하기 때문이다.

보통 '달걀말이 잘하는 법'이 궁금하면 누구에게 물어보는가? 유튜브나 네이버 등을 검색해 영상 또는 블로그 글을 기반으로 학습한 후 바로 따라 해보는 것이 현대인들의 학습방식이다. 마찬가지로 워크플로우에서 '비용결재 올리는 법'이 궁금하다면 검색해서 바로 찾아 쓸수 있도록 해야 한다. 이때 가장 효과적인 방식이 마이크로 러닝이라는 점이다.

마지막으로 러닝 플랫폼이 워크플로우 러닝을 지원하는 대표적인 툴이다. 학습에는 학습뿐만 아니라 학습 전에 진단을 하고 학습을 추천해주는 것이 중요하다. 학습 중에는 학습을 독려하고 다른 학습자와의 상호작용을 통해 학습이해도를 높이고 다양한 생각을 공유하며 성찰하는 것 또한 중요하다. 학습 이후에는 학습결과에 대한 피드백과더불어 심화학습 그리고 향후 학습가이드를 받는 것이 필요하다. 이모든 것이 가능하도록 하는 러닝 플랫폼은 워크플로우 러닝에서 빠질수 없는 요소인 것이다.

교실을 내 PC 안으로, 버추얼 러닝

버추얼 러닝이란

테크토피디아^{Techtopedia}의 정의에 의하면 '버추얼 러닝이란 학습참여자들이 상호작용, 커뮤니케이션, 시청, 토론, 학습자료, 프레젠테이션 등의 다양한 학습활동을 온라인상으로 함께할 수 있는 환경'을 의미한다.

줌, 웹엑스, 리모트미팅^{RemoteMeeting}, 구루미^{Gooroomee} 등 과거 익숙하지 않았던 버추얼 러닝 플랫폼들은 코로나19 이후 교육의 주요 툴로 자리 잡고 있다. 그렇다면 버추얼 러닝은 이러닝과 어떻게 다를까?

둘의 가장 큰 차이는 실시간^{Synchronous}이란 개념에 따라 달라진다. 이러닝은 비실시간Asynchronous 환경으로 사전 녹화를 통해 콘텐츠를 제작하고 이를 송출하는 방식으로 서비스하는 것이 일반적이다. 반면 버추얼 러닝은 교사와 학습자가 동시에 접속해서 콘텐츠와 상호작용이 실시간으로 이루어진다.

두 가지 방식 중 어떤 방법이 절대적으로 더 좋다고 할 수는 없다. 각각의 방식에 장단점이 존재하기 때문이다.

버추얼 러닝은 상대적으로 꼭 알아야 하는 필수교육에 주로 활용된다. 자기주도 학습을 기반으로 하는 이러닝과 달리 버추얼 러닝은 동시간에 함께 가상의 공간에 모여 진행하기 때문에 통제와 관리가 용이하다. 이러한 까닭에 버추얼 러닝은 내용이 보다 복합적일 때 적합하다. 질의와 응답이 실시간으로 이루어지고 학습자의 이해도에 따른 즉각적인 대응이 가능하기 때문에 보다 복잡한 내용의 경우 이러닝보

■ 버추얼 러닝 VS 이러닝

지식	복잡성	상호작용	활용도
알아야 하는 교육	내용이 복합적일 때	상호작용의 효과가 중요할 때	반복적으로 활용되지 않을 때
VS	VS	VS	VS
알면 좋은 교육	단순한 내용일 때	상호작용의 효과가 중요하지 않을 때	반복적으로 활용될 때

다는 버추얼 러닝을 선택하는 것이 효과적이다. 또한 버추얼 러닝은 상호작용이 실시간으로 이루어지는 환경을 갖추고 있다. 따라서 학습에 있어 학습자와 교수자, 학습자와 학습자의 상호작용이 중요한 교육의 경우 이러닝보다는 버추얼 러닝이 효율적이다. 마지막으로 버추얼 러닝은 이러닝과 달리 한번 진행된 후 반복적으로 활용하기에는 다소 어려운 측면이 있다. 물론 많은 버추얼 러닝 플랫폼에서 녹화기능을 제공하기는 하지만, 타깃 학습자에 특화되어 진행하기 때문에 녹화된 내용을 범용적으로 활용하는 데에는 한계가 있다.

버추얼 러닝은 교육적 측면에서 다음과 같은 장점을 가지고 있다. 버추얼 러닝은 지역적 한계를 극복한다. 어디서든 노트북이나 스마트폰만 있으면 접속할 수 있기 때문에 접근이 용이하다는 점이 가장 큰 장점으로 작용한다. 또한 오프라인 교육에 비해 교육에 따른 교통비, 숙박비, 강의실 사용료, 교재 제작비 등을 절감할 수 있다. 더불어 모든 디지털 콘텐츠를 통합할 수도 있다. 비디오, 프레젠테이션 자료, 팟캐스트 등 다양한 디지털 콘텐츠는 버추얼 러닝 플랫폼의 화면공유라는 강력한 기능을 통해 학습자들에게 통합적으로 제공할 수 있다. 마지막으로 교수자와 학습자 사이에 활발한 상호작용을 기대할 수 있다. 주석기능, 채팅, 소그룹 토의방 등의 기능을 통해 오프라인에서의 상호작용을 디지털상에서도 구현할 수 있다.

버추얼 러닝의 설계 및 운영

버추얼 러닝 플랫폼들이 추구하는 방향은 오프라인을 그대로 버추얼 러닝으로 옮기는 것이다. 이런 특성을 이해하면 오프라인 교육의 설계 방식과 버추얼 러닝의 설계 방식이 크게 다르지 않다.

아래의 그림은 오프라인 기반으로 버추얼 러닝을 설계한 예시를 보여주는 것이다. 먼저 오프라인 교육을 설계하는 것이 첫 번째 단계다. 가장 효과적인 방식으로 오프라인 교육을 설계하는 것이다. 예시의 교육과정은 고객응대 스킬 프로그램으로 첫 번째 주제는 고객과 인사하는 방법이라는 주제다. 이 주제를 오프라인에서 효과적인 방식으로 설계한다. 우선 학습자들이 '고객과 인사하는 방법'에 대해 토론하고, 이 내용을 바탕으로 한 그룹은 고객이, 다른 한 그룹은 점원이 되어 역

■ 버추얼 러닝의 설계 방법

① 가장 효과적인 방식으로 오프라인 기반 교육을 설계

과정명 : 고객응대 스킬					교육방식	플랫폼 툴	교육시간
세부주제	교육방식	교육시간	페이지		교육방식	플랫폼 툴	교육시간
고객과 인사하는 방법	토론	10분	3페이지		토론	채팅방	10분
	역할극	15분			역할극	소그룹 토론방	20분
	동료의견 공유	5분			동료의견 공유	주석기능	5분

② 버추얼 러닝 방식으로 전환

할극을 한다. 역할극이 끝나면 각자 느낀 바를 공유하는 것이 예시 프로그램 '고객과 인사하는 방법'의 설계 골자다.

이렇게 오프라인 교육이 설계되었으면, 이를 그대로 버추얼 러닝으로 옮겨 진행하면 된다. 토론으로 이루어졌던 부분은 버추얼 러닝 플랫폼의 채팅창을 이용해 함께 이야기를 나누고, 이를 기반으로 소그룹 토론방을 만들어 조별로 역할극을 한다. 그리고 다 함께 모여 서로의 의견을 주석기능으로 적어보는 프로그램으로 구성된다.

버추얼 러닝의 운영은 오프라인보다 어려운 것이 사실이다. 오프라인에서 발생하지 않았던 일들이 디지털 플랫폼상에서는 발생하는 경우가 많기 때문이다. 예를 들어 학습자들의 인터넷 연결상태가 고르지 않은 경우, 학습자들이 별도의 고지 없이 장시간 자리를 비우는 경우 등 오프라인에서는 잘 드리나지 않는 다양한 문제들이 발생한다.

버추얼 러닝을 운영할 때 염두에 두어야 할 것으로는, 먼저 사전 인터넷 환경을 테스트하는 것이 필요하다. 음향에는 문제가 없는지, 동영상 파일은 잘 작동하는지 등을 사전에 점검하는 것은 만일의 사태를 예방할 수 있다. 두 번째로는 강연자에 대한 안내 및 과정 전반에 대한 가이드를 제공해주는 것이 집중도를 높일 수 있는 방법이다. 강연자에게 학습자의 특성, 교육의 목적, 인원 및 운영 가이드를 사전에 제공해 준비하게 하면 맞춤형 학습프로그램을 제공할 수 있게 된다. 세 번째로 학습프로그램 운영 중에는 다양한 이벤트를 함께 제공하는 것이 효과적이다. 강연자에게 프로그램을 모두 맡기기보다는 중간중간 퀴즈나 설문 등을 통해 프로그램의 집중도를 높이는 것은 효과적인 교육을 위해 필요한 부분이다. 네 번째로 강연자에게 보다 많은 상호 작용을 요청해야 한다. 채팅창을 통해 질문을 유도하거나 주석기능을 활용하는 등 다양한 상호작용을 요청하는 것인데, 온라인 교육은 오프라인 교육보다 학습자의 몰입도가 낮기 때문에 중간에 계속해서 학습자의 참여활동을 만들어주는 것이 필요하다. 마지막으로 과정 종료 후 과정 전반에 대한 피드백을 받아 개선하는 것이 중요하다. 교육프로그램의 지속적인 업그레이드를 위해 학습자에게 피드백을 받아 이를 개선하는 활동이 필요하다.

버추얼 러닝의 팁

버추얼 러닝을 설계하고 운영함에 있어 알아 두면 유용한 팁을 소개하면 다음과 같다. 첫째, 버추얼 러닝은 영업 또는 현장교육에 적합하다. 버추얼 러닝의 주제로 리더십이나 공통역량 교육보다는 정보를 전달하고 바로 활용할 수 있는 교육에 보다 유용하다는 것이다. A 보험회사에서는 신상품을 출시할 때마다 영업사원을 불러 설명회 및 판매교육을 진행했다. 코로나19 이후로는 이부분을 라이브로 실시하고 있는데, 시공간적 제약이 줄어들어 만족도와 효과성이 높은 교육으로 자리 잡고 있다.

둘째, 시간관리가 중요하다. 온라인 환경에서는 학습자의 몰입도가 낮은 것이 사실이다. 따라서 오프라인 교육에서 일반적으로 활용하는 50분 교육 10분 휴식 방식에 변화가 필요하다. 버추얼 러닝 학습자들은 교육시간이 길어짐에 따라 집중도가 떨어지기 때문에 교육시간을 35~45분 정도로 짧게 운영하는 것이 효과적이다.

셋째, 90208 법칙을 적용하라. 교수설계의 아버지라 불리는 밥 파이크Bob Pike의 90208 법칙을 기억하고 활용하면 도움이 된다. 90208 법칙은 교육프로그램을 90분 이상 진행하지 않으며, 20분마다 소주제를 바꿔 진행하고, 8분마다 학습자를 참여시키는 방식이다. 가능하면 짧게 구성하고 지속적으로 주제의 변화를 주어 학습자들의 주의를 환기시키는 것이 필요하다.

넷째, 오프라인 강의를 잘한다고 해서 버추얼 러닝도 잘하는 것은 아니다. 콘텐츠나 강의방식은 동일하지만 버추얼 러닝에 필요한 상호작용 방식은 새롭게 배워야 하는 부분이다. 따라서 강연자들은 오프라인 강연 역량과 별개로 버추얼 러닝 강연 역량을 개발하고 발전시켜야 한다.

짧게 배워 바로 쓰는, 마이크로 러닝

마이크로 러닝이란

마이크로 러닝은 작은 단위, 짧은 길이, 한번에 소화할 수 있는 학습 콘텐츠 또는 학습활동을 의미한다. 이러한 마이크로 러닝은 워크플로우 러닝에서 중요한 툴로 활용되는데, 언제 어디서든 접속할 수 있고 짧게 배워 바로 활용할 수 있다는 점, 그리고 자기주도적으로 학습할 수 있다는 장점 때문이다.

짧은 콘텐츠만을 즐기는 쇼츠Shorts세대의 등장은 마이크로 러닝의 확장에 힘을 실어 주고 있다. 디지털 마케팅 기업 메조미디어는 〈2021 타깃 리포트〉에서 10대가 가장 선호하는 동영상의 길이는 6~10분(54%)이며, 그 다음이 4~5분(14%)이라고 발표한 바 있다.

현대인들이 가장 선호하는 디바이스는 PC도 TV도 아닌 모바일이다. 모바일에서 검색, 쇼핑, 콘텐츠 소비 등 모든 활동을 경험한다는 의미다. 이런 소비자들의 행동패턴은 교육 역시 예외가 아니다. 모바일에서 본인이 필요한 지식을 언제든 꺼내 활용하고 싶어 한다.

그렇다면 모바일 환경에 가장 적합한 콘텐츠는 무엇일까? 바로 짧은 콘텐츠인 마이크로 러닝이다. 모바일 환경에서는 TV나 PC와 달리 몰입할 수 있는 시간이 짧은 것이 특징이다. 따라서 모바일로 학습을 진행할 경우 이런 몰입의 지속시간을 고려한 짧은 마이크로 러닝이 효과적인 것이다.

마이크로 러닝이 주목받는 또 다른 이유는 검색의 시대라는 점이다. 오늘날 지식의 양은 기하급수적으로 증가하고 있다. 하지만 이런 지식을 모두 소화하기는 사실상 불가능하다. 때문에 우리는 검색을 통해 자신에게 필요한 콘텐츠를 탐색하고 소비한다. 현대인들은 보통 무엇인가 궁금할 때 누구에게 물어보는가? 대부분 교사나 교수가 아닌 네이버나 구글, 유튜브를 통한 검색으로 궁금증을 해결한다. 이럴 때 검색에 걸리는 콘텐츠는 긴 콘텐츠보다는 짧은 형식의 콘텐츠일 확률이 높다. 우리가 '블록체인의 개념'을 알고 싶어 검색했을 때 이러닝과 오프라인 교육은 '블록체인 전문가 과정' 또는 '블록체인 실무 프로그램'이라는 2일짜리 혹은 10시간짜리 콘텐츠를 추천한다. 하지만 '블록체인의 개념'이라는 주제를 알고 싶어 하는 학습자가 원하는 것은 '블록체인의 개념'과 관련된 5~7분 분량의 콘텐츠일 것이다. 검색을 통한 학습환경에 적합한 학습방식은 마이크로 러닝인 것이다.

세계 최대 소매체인 홈디포The Home Depot는 매장에 근무하는 직원들의 학습에 있어 일방향의 이론 중심적 오프라인 교육과 온라인 교육에 한계를 느끼고 있었다. 이에 보다 현장 중심으로 학습시킬 방법을 고민하다가 마이크로 러닝을 전격 도입했다. 별도의 마이크로 러닝 플랫폼을 구축하지 않고 현장에서 쓰는 업무용 단말기를 통해 바로 활용할 수 있는 콘텐츠를 제작·공급한 것이다. 이런 교육부서의 노력에 학습자의 90%는 해당 콘텐츠가 현장에서 유용했다고 답변하고 있으며, 기존의 정형적인 학습보다 46일 정도 빨리 학습을 완료하는 성과를 보였다.

IBM은 애자일Agile한 비즈니스 환경에 가장 적합한 임직원 교육방식으로 마이크로 러닝을 규정하고 이를 본격적으로 도입하기 시작했다. 자체 제작 영상뿐만 아니라 다양한 자료를 함께 학습할 수 있도록 만들었으며, 인공지능을 통해 임직원 개개인에 맞는 마이크로 러닝을 추천해주었다. 이렇게 한 결과 하루 평균 3만 명이 넘는 임직원들이 접속하고 있으며, 그 효과가 탁월하다고 발표했다.

마이크로 러닝의 4가지 활용 방법

마이크로 러닝을 활용할 때 이러닝과 오프라인 교육을 대체하는 방향
으로 접근하는 경우가 있다. 물론 이런 목적으로 활용되기도 하지만
마이크로 러닝은 짧은 콘텐츠의 특성상 다양한 채널로 학습이 이루
어지도록 할 수 있다. 이러닝은 LMS^{Learning Management System}(교육관리시스
템)를 통해서만, 오프라인 교육은 클래스룸을 통해서만 콘텐츠가 전
달되지만 마이크로 러닝은 이메일, SNS, 메신저, 홈페이지 등 다양한
채널을 통해 쉽게 공급할 수 있다는 장점이 있다. 이런 장점은 현장
에서 다양하게 활용될 수 있는데 다음의 4가지로 나누어 볼 수 있다.

사전학습

마이크로 러닝은 사전학습에 활용할 수 있다. 오프라인 학습에 참여
하기 전 오리엔테이션 영상을 통해 학습안내를 해줄 수 있으며, 온라
인 학습 참여 전에는 사진 읽을거리인 텍스드 자료를 제공해 예습해볼
수 있도록 할 수 있다. 일반적으로 5~10분 사이의 콘텐츠로 제작된다.

본 학습

마이크로 러닝을 통해 학습을 진행하는 경우로 짧은 단위로 학습내
용을 구성하는 것이다. 본 학습 마이크로 러닝도 5~10분 정도의 콘
텐츠로 제작되며, 한 가지 콘셉트나 전달 내용으로 구성하는 것이 특
징이다.

학습강화(학습기억)

학습한 내용을 학습에만 그치지 않고 기억하고 활용하게 만드는 것이 교육의 궁극적인 목적이다. 마이크로 러닝은 학습 이후의 영역인 기억하고 활용하게 만드는 부분에 도움을 준다. 오프라인 교육 또는 온라인 교육에서 학습한 내용을 간단한 퀴즈나 요약자료의 마이크로 러닝을 통해 학습자들이 학습내용을 오랫동안 기억할 수 있도록 한다. 학습강화 영역에서의 마이크로 러닝은 일반적인 마이크로 러닝보다 짧게 제작하는 것이 특징이다. 1~2분 정도의 콘텐츠로 기존에 학습했던 내용을 다시 한 번 기억하게 해준다.

학습내용 활용

학습강화를 통해 내용을 기억했다면 이를 활용하는 것이 중요하다. 실질적 활용을 도울 때도 마이크로 러닝은 그 효과를 발휘한다. 칭찬하는 방법에 대한 교육을 받았을 때 이를 현장에서 활용하도록 유도하는 것이 필요할 때가 있다. 이때 마이크로 러닝을 활용하면 효과적으로 접근할 수 있다. 간단한 미션을 제시하는 경우, 칭찬하는 방법에 대한 요약본을 제시하는 경우, 칭찬의 방법을 현장에 적용했던 사례를 소개하는 경우 등 다양한 마이크로 러닝을 활용할 수 있다. 이를 통해 실제 배운 것을 활용할 수 있도록 유도할 수도 있다. 활용으로 이어지게 하는 마이크로 러닝의 경우 짧게는 1분에서 길게는 10분 이상의 콘텐츠로 다양하게 제작된다. 현장의 상황과 환경이 다르기 때문에 다양한 길이의 콘텐츠 제작 방식을 취하는 것이 특징이다.

이처럼 마이크로 러닝은 4가지 방식으로 활용할 수 있는데, 여기에 한 가지 더 염두에 두어야 할 것이 있다면 마이크로 러닝의 확장성이다. 마이크로 러닝은 짧은 단위의 콘텐츠로 워크플로우와 쉽게 결합되며, 다른 학습방식과 융합이 용이하다는 장점을 가지고 있다. 이러닝＋마이크로 러닝, 오프라인 교육＋마이크로 러닝, 버추얼 러닝＋마이크로 러닝 등 다양하면서도 확장성 있게 활용할 수 있다.

A사에서는 이러닝 학습 후 학습강화를 위해 마이크로 러닝을 설계했다. 이러닝을 모두 학습하고 1주일 뒤 핵심 학습내용에 대한 학습정리 자료를 모바일로 전송한다. 이후 학습 3주 뒤에는 핵심 학습내용에 대한 퀴즈를 5문항 풀어보는 형식으로 마이크로 러닝을 구성했다. 이를 통해 구성원들이 학습내용을 다시 한 번 상기하게 만듦으로써 학습에 대한 기억이 오랫동안 유지되도록 했다.

마이크로 러닝의 설계 전략 M.I.L.E. 모델
마이크로 러닝이 새로운 교육방법론인 만큼 이를 개발하는 방식 역시 기존과 다르다. 전통적인 교수설계 방법론은 ADDIE[Analysis-Design-Development-Implementation-Evaluation]와 같은 폭포수[Waterfall] 모델이었다. 이는 정해진 프로세스가 존재하고 각 단계가 순차적으로 이어지는 흐름이 마치 폭포수와 같다 하여 붙여진 이름이다. 이 모델은 오랜 기간 동안 교육분야에서 기본적이고도 완벽한 모델로 평가받았으나, 한 단계를 지나야 다음 단계로 넘어갈 수 있는 까닭에 빠른 변화에 대처하기 어렵다는 단점을 지닌다.

그러나 마이크로 러닝은 짧은 콘텐츠에 최적화되어 있을 뿐만 아니라 변화의 속도에 유연하게 대응할 수 있는 과정개발 모형을 필요로 한다. 마이크로 러닝의 대표적인 과정개발 모형은 바로 칼라 토거슨[Carla Togerson]의 M.I.L.E. [The MIcroLEarning Design Model] 모델이며, 이는 성과목표 명확화, 프로그램 설계, 콘텐츠 리소스 선택, 학습촉진, 모니터·조정·평

■ 마이크로 러닝의 M.I.L.E. 모델

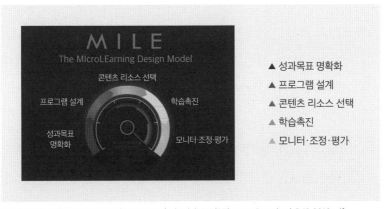

출처 https://torrancelearning.com/wp-content/uploads/2016/05/orranceDownload-5_13_2016.pdf

가 등 5단계로 구성된다.

M.I.L.E. 모델은 ADDIE 모델과 달리 폭포수가 아닌 순환형[iteration] 모델이라는 것이 특징이다. 정해진 프로세스를 순서대로 밟는 것이 아니라, 자동차 계기판처럼 경우와 상황에 따라 각 단계를 자유로이 넘나든다. 즉 프로그램 설계에서 모니터·조정·평가로, 그리고 여기에서 다시 콘텐츠 리소스 선택으로 이동할 수 있는 것이다. 이러한 특성은 학습상황이나 과정개발의 형편에 따라 유연하게 대처할 수 있도록 만든 모델이라 할 수 있다.

앞에서 설명한 M.I.L.E. 모델 5단계를 자세히 살펴보면 다음과 같다.

1단계 성과목표 명확화

성과목표를 명확하게 규정하는 단계이다. 군이 '교육목표'가 아닌 '성과목표'라고 표현한 이유는 마이크로 러닝 프로그램을 개발함에 있어 교육에만 매몰되는 것은 위험하기 때문이다. 그보다는 '교육을 통해 어떤 성과목표를 달성할 것인가'에 집중하는 것이 바람직하다.

즉 '세일즈 스킬 향상'이라는 교육목표보다는 '잠재고객을 발굴하고 충성고객을 확보하는 세일즈 스킬 향상'과 같이 교육을 통해 궁극적으로 달성하고자 하는 성과목표를 구체화하는 것이 좋다. 교육의 본질

■ 성과목표의 명확화

잠재고객을 발굴하고 충성고객을 확보하는 세일즈 스킬 향상

- 고객 리서치 스킬
- 좋은 질문 던지기
- 고객 경청 스킬
- 상품 설명하기
- 기회 포착하기
- 세일즈 마무리하기

적인 목표가 비즈니스 성과 창출에 있음을 고려해볼 때 마이크로 러닝의 첫 번째 단계에서 성과목표를 분명하게 하는 것은 매우 중요하다.

성과목표를 수립한 이후에는 최종 목표를 달성하기 위한 하위목표를 설계해야 한다. '잠재고객을 발굴하고 충성고객을 확보하는 세일즈 스킬 향상'을 성과목표로 삼았다면, 고객 리서치 스킬, 좋은 질문 던지기, 고객 경청 스킬, 상품 설명하기, 기회 포착하기, 세일즈 마무리하기 등의 하위목표를 마련해야 한다.

여기에서 주의해야 할 점은 상위목표와 하위목표 간의 관계다. 하위목표들의 합이 상위목표를 충족시킬 수 있도록 설계하되, 하위목표들이 상호 중복되지 않도록 설계해야 한다.

■ 프로그램의 설계

제목/학습목표 : Why?		
학습대상 Who?	주요 내용 What?	
시기/기간 When?	탑재 플랫폼 Where?	
유형 How?	기타 설계전략	

2단계 프로그램 설계

이 단계에서는 프로그램의 내용과 기술 및 구조를 설계한다. 즉 마이크로 러닝의 학습목표를 기술하고 제목, 유형, 학습의 길이, 주요 내용 서술을 통해 교육프로그램의 기본 골조를 마련한다.

위의 표와 같이 Why, Who, What, When, Where, How는 기본적인 마이크로 러닝을 설계하는 단계이다.

3단계 콘텐츠 리소스 선택

이 단계에서는 하위목표를 달성할 수 있는 콘텐츠 리소스를 확보하고 선별한다. 그리고 3C 전략은 바로 이와 같은 콘텐츠 리소스를 마련하는 데 최적화되어 있다. 3C 전략의 구성요소는 다음과 같다.

- Create : 기업의 교육담당자나 조직 구성원이 직접 콘텐츠를 생산한다.
- Curate : 외부 전문기관에서 수급한 콘텐츠를 선별하고 배치한다.
- Crowd Source : 강사 또는 외부 전문가들이 제작한 콘텐츠나 유튜브, 블로그 등 오픈소스 콘텐츠들을 활용한다.

마이크로 러닝은 최대한 많은 콘텐츠 리소스를 활용할 수 있다는 장점을 가지고 있다. 다양한 플랫폼에서 양질의 콘텐츠들이 쏟아져 나오고 있고, 그 형식 역시 영상부터 텍스트까지 무궁무진하다. 때문에 콘텐츠를 만드는 것이 아니라 다양한 공급방식을 확보하는 방향으로 마이크로 러닝 콘텐츠 전략을 수립하는 것이 중요하다.

4단계 학습촉진

이 단계부터는 마이크로 러닝의 운영과 밀접하게 연결된다. 학습촉진 단계에서는 어떻게 학습자에게 학습공지를 전달할 것인지, 본 프로그램을 어떻게 마케팅할 것인지에 대한 고민이 필요하다. 즉 주요 메시지를 어떻게 구성할 것인지, 이를 메일, 메시지, 공지게시판 등 어떤 채널을 통해 홍보할 것인지, 학습독려는 어떤 방법으로 진행할 것인지 등을 설계하고 실행한다.

5단계 모니터링·조정·평가

마이크로 러닝은 콘텐츠의 길이가 짧고 학습자의 접근이 쉽기 때문에 다양한 데이터가 쌓인다. 즉 어떤 학습자가 얼마나 접속했는지, 콘텐츠에 따른 페이지뷰는 어느 정도인지, 사이트 이탈률은 얼마인지, 댓글 수, 좋아요 혹은 공유 수 등은 어느 정도인지에 대한 데이터가 여기에 해당한다. 그리고 이런 데이터들을 지속적으로 모니터링하고 조정하고 평가하는 단계가 마지막 5단계이다.

평가의 경우 시험은 가급적 피하는 것이 좋다. 마이크로 러닝의 경우 시험보다는 학습수료에 따라서 배지나 포인트를 부여하는 등 참여도 중심의 평가가 효과적이다. 댓글이나 공유, 좋아요 입력 등의 활동에도 포인트를 부여하여 참여를 촉진할 필요가 있다.

마이크로 러닝의 4가지 팁

첫째, 마이크로 러닝은 영상 콘텐츠가 효과적이다. 하지만 꼭 영상 콘텐츠여야만 할까? 결론부터 말하자면 그렇지는 않다. 효과적인 마이크로 러닝 운영을 위해서는 영상 콘텐츠를 기본으로 삼되 이미지, 문서, 차트 등 다양한 유형의 콘텐츠들을 보완적으로 활용하는 것이 필요하다.

하지만 유튜브를 중심으로 하는 영상 콘텐츠에 대한 선호도가 급상승하고 있으며 젊은 학습자들의 경우 영상을 텍스트보다 선호하는 점 등은 염두에 두어야 한다. IBM 컨설턴트 데이비드 피플즈David Peoples는 자신의 책《프레젠테이션 플러스Presentations Plus》에서 그림은 말보다 3배의 효과가 있고, 말과 그림을 같이 소개하면 말로만 하는 것보다 6배의 효과가 있다고 강조했다.

이러한 점을 고려했을 때 학습자의 선호도와 교육효과 측면에서 영상 콘텐츠를 기반으로 마이크로 러닝을 구성하는 것이 좋다. 그래픽, 텍스트, 블로그 등 다양한 콘텐츠를 활용하는 부분은 학습의 다양성과 콘텐츠 소스의 확장성 측면에서 유용한 것은 물론이다.

둘째, 마이크로 러닝에서도 킬러 콘텐츠는 중요하다. A사는 대형마트를 운영하는 회사다. 현장에 근무하는 직원들이 많아서 이러닝보다는 마이크로 러닝이 더 적합하다고 판단해 현장에 근무하는 직원 대상 직무교육을 마이크로 러닝 기반으로 개편했다. 그런데 마이크로 러닝 플랫폼을 구축하고 다양한 방법을 시도해보았지만 그다지 효과를 보지 못했다. 그러던 중 늘어나는 중국인 관광객으로 인해 중국어에 대한 니즈가 직무상 급증하는 것을 발견하고, 바로 현장에서 활용할 수 있는 3~5분짜리 중국어 콘텐츠를 1차적으로 제작해 마이크로 러닝 플랫폼에 탑재했다. 반응은 폭발적이었다. 중국어 콘텐츠는 학습자들의 입소문을 타고 퍼져 나갔으며, 기존에 인기가 없었던 다른 콘텐츠에까지 접속량이 급증했다. 월평균 1,200건에 불과하던 학습 건

수가 1만 7,200건까지 급증했다.

마이크로 러닝 플랫폼을 잘 구축해놓았다고 해도 학습자들을 유인할 만한 요소는 반드시 필요하다. 때문에 학습자들이 매력적으로 여길 수 있는 킬러 콘텐츠를 마련해야 하고, 이를 지속적인 학습활동을 촉발할 수 있는 방아쇠이자 마중물 콘텐츠로 삼아야 한다. 학습자는 마이크로 러닝 자체를 수행한다기보다는 자신에게 필요한 콘텐츠를 찾으려 한다는 점을 기억해야 한다. 다른 학습방법에서도 마찬가지이지만 마이크로 러닝에서는 콘텐츠가 가장 중요하다. 우리가 극장을 아무리 멋있게 지어 놓았다 하더라도, 결국 관객은 극장이 아니라 영화를 보러 온다는 것이다. 마찬가지로 마이크로 러닝 플랫폼이 아무리 멋있어도 그 속에 학습자들이 배우며 성장할 수 있는 양질의 콘텐츠가 부족하다면 마이크로 러닝 서비스는 외면받을 것이다.

셋째, 마이크로 러닝은 초보자보다는 숙련자에게 효과적이다. 교육 관련 미디어 회사 오렐리^O'Reilly의 조사는 마이크로 러닝이 어디에 효과적인지를 잘 보여준다. 20만 명 이상의 엔지니어들에게 조사한 결과 매크로 러닝(이러닝 또는 오프라인 교육)이 효과적이라고 답변한 사람은 58%였는데, 이들의 분포는 초보자로 갈수록 그 비중이 높았다. 반대로 마이크로 러닝이 효과적이라고 답한 사람은 42%였는데 이들의 비중은 숙련자로 갈수록 높았다.

■ 숙련자와 초보자의 선호 교육방식

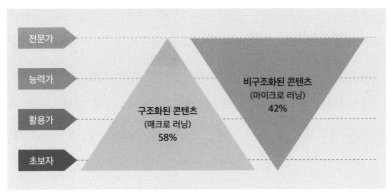

출처 https://blog.crossknowledge.com/josh-bersin-blending-micro-macro-learning/

마이크로 러닝은 짧게 배워 바로 쓴다는 콘셉트로 업무에 익숙한 사람들에게 보다 효과적으로 다가간다. 반대로 초보자의 경우 마이크로 러닝보다는 기본적인 개념을 잡는 매크로 러닝이 더욱 효과적이다.

넷째, 마이크로 러닝의 3S 전략을 활용하라. 마이크로 러닝 콘텐츠는 짧게Short, 간결하게Simple, 구체적이고 명확한 콘셉트Single Concept라는 세 가지 콘텐츠 제작 방식을 반영한다.

먼저, 마이크로 러닝은 분량이 짧아야 한다. 72초TV라고 들어본 적이 있는가? 72초TV는 72초짜리 드라마를 이야기하는데, 모바일 환경에서 젊은 세대를 중심으로 크게 확산되고 있다. 이는 모바일 환경에서 스낵컬쳐의 확산을 의미하는데, 스낵컬쳐란 간단한 스낵을 먹으면서 함께 즐길 수 있는 콘텐츠를 의미한다. 즉 시간과 장소에 상관없이 가볍게 즐길 수 있는 문화 트렌드를 의미하는 것이다. 인터넷 만화, 웹툰이 대표적이며 최근 들어서는 드라마, 영화, 예능 프로그램 등을 하이라이트 부분만 편집하거나 72초TV와 같이 아예 짧게 제작되기도 한다. 공통적인 특징은 10분 이내로 콘텐츠가 생성된다는 점이다. 72초TV 외에 43초TV도 등장했는데, 이는 20대가 모바일 영상에 집중할 수 있는 시간이 평균 43.1초라는 연구 결과를 반영해 드라마 제작을 43초로 만든 사례라 할 수 있다. 마이크로 러닝은 모바일 환경을 가정하기 때문에 짧은 콘텐츠로 제작하는 것이 좋다. 따라서 5분 내외의 콘텐츠로 제작하는 것이 일반적이다.

다음으로 마이크로 러닝은 단순하고 간결해야 한다. 마이크로 러닝 환경은 스마트폰이 대부분을 차지한다. 이러한 이유로 스마트폰에 최적화되어 제작되고 있는 것이 사실이다. 스마트폰은 PC나 태블릿 환경보다는 화면 자체가 작다. 따라서 학습콘텐츠 구성에 있어서 복잡하게 구성하는 것이 아니라 최대한 단순화된 콘텐츠를 반영해야 한다. 스마트폰 환경에서는 100자 이상의 글자가 들어가면 가독성이 떨어진다. 마이크로 러닝은 이러한 측면을 고려해 한 화면에 100자 이내의 콘텐츠가 들어가도록 하는 것이 중요하다.

마지막으로 학습콘텐츠는 구체적이고 명확해야 한다. 마이크로 러닝이 짧고, 간결함을 추구하다 보니 콘텐츠 내용적인 측면에서도 대주제가 아닌 소주제 중심으로 생산되고 있다. 예를 들어 '영업능력 향상 과정'이 아닌 '한 시간 이내에 고객을 설득하는 방법', '처음 만난 고객과 공감하는 방법' 등 보다 구체적이고 명확한 목표를 제시하는 콘텐츠가 주로 마이크로 러닝으로 제작된다. 다시 말해 마이크로 러닝이 구체적이고 명확해야 한다는 것은 모바일 시대의 특징을 반영한 것으로 학습자들에게 치즈를 통째로 먹게 하는 것이 아니라 먹기 좋은 개념으로 잘게 나누어서, 슬라이스 치즈와 같은 형식으로 쉽게 학습할 수 있도록 해주는 것을 의미한다.

학습이벤트에서 학습여정으로, 러닝 저니

왜 러닝 저니인가

그동안 조직 내에서의 교육은 이벤트 경향이 강했다. 업무현장에서 벗어나 연수원이나 교육장 등 클래스룸에서 2~5일 정도 이벤트성으로 진행하는 것이 일반적이었다. 학습한 내용을 현장에 적용하는 것은 오롯이 학습자에게 맡겨졌다.

학습한 내용이 조직 내 성과로 연결되기 위해서는 많은 과정을 거치게 된다. 우선 학습한 내용을 기억해야 하고 기억한 내용을 실행해야 한다. 현장에서 실행되더라도 여기에서 발생하는 크고 작은 문제들을 헤쳐 나가야 한다.

그동안 진행된 이벤트 중심의 교육은 이런 과정들을 무시해왔던 것이 사실이다. 아래의 두 가지 갭에 대한 대안을 제시하지 못했다.

학습과 기억 사이의 갭

19세기 후반 독일의 심리학자 헤르만 에빙하우스[H. Ebbinghaus]가 기억 혹은 망각에 대해 연구하며 시간 경과에 따라 나타나는 망각 경향을 그래프로 제시한 것이 망각곡선이론이다. 이 이론에 의하면 망각은 학습 직후 가장 많이 발생한다. 대개 학습 직후에는 100% 기억하다가 30분 후에는 50%, 1시간 후에는 40%, 9시간 후에는 30%만 남는다. 그리고 한 달이 지나면 20%만 기억 속에 남는다는 것을 제시했다.

에빙하우스의 망각곡선은 망각을 이겨내기 위해서는 지속적으로 기억강화를 통한 복습이 필요하다는 추가 연구 결과로 이어졌다.

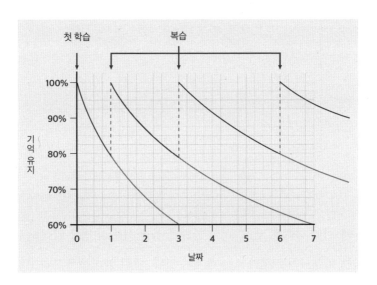

인간은 망각의 동물이다. 이벤트 중심의 학습은 망각곡선을 극복하지 않는다면 자연스럽게 학습한 내용을 잊어버리게 된다. 이런 학습과 기억 사이의 갭을 극복하기 위해서는 이벤트 중심이 아닌 새로운 형태의 프로그램이 제시되어야 한다.

학습과 실행 사이의 갭

학습한 내용을 실행하기 위한 지원이 없다면 학습한 내용은 잊혀지기 마련이다. 학습 이후 성과로 연결될 수 있는 다양한 프로그램이 필요하다. 이를 통해 학습한 내용이 바로 실행으로 연결될 수 있도록 만들어준다. 실행 사례에 대한 공유, 현업 적용에 대한 미션 부여, 리더의 코칭 등 학습한 내용을 실행과 연결시켜 주어야 실질적인 성과를 창출할 수 있다.

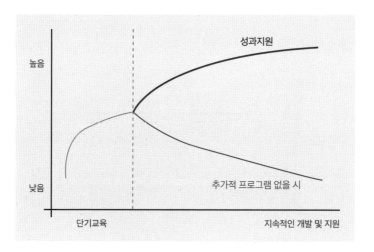

학습과 기억 사이의 갭, 그리고 학습과 실행 사이의 갭을 극복하기 위해서는 이벤트성 교육으로는 한계가 있다. 이런 한계를 극복하고자 학

습과 일을 연결시키는 새로운 형태의 프로그램이 등장하게 되는데, 이것이 바로 러닝 저니Learning Journey다.

러닝 저니와 이벤트성 교육과의 차이점

러닝 저니는 이벤트성 교육이 현장과 동떨어져 있는 부분을 보완하기 위해 학습을 이벤트가 아닌 긴 기간 동안의 학습여정으로 구성하는 것을 의미한다.

러닝 저니는 기간이 길고 일과 학습이 결합된다는 특성상 다양한 학습경험으로 구성되는 것이 특징이다. 다양한 학습경험이란 유튜브, 블로그, 토론활동, 자료검색, 문제해결형 학습 등 오프라인과 이러닝을 벗어난 여러 가지 비정형학습을 포함하는 것을 의미한다. 러닝 저니의 일반적인 기간은 3개월에서 2년으로 정형학습에 비해 그 기간이 긴 것이 특징이다.

다음의 그림에서 러닝 저니의 학습프로세스를 순차적으로 살펴보면 오프라인 학습을 진행한 후 온라인으로 내용을 복습하고 버추얼 러닝으로 동료들과 함께 토론을 한다. 이후 리더에게 코칭을 받고, 엄선된 관련 유튜브 콘테츠를 추천받는다. 학습한 내용을 실행할 때는 다양한 성과지원 툴이나 자료를 제공받는다. 예시의 내용처럼 러닝 저

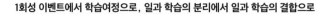

1회성 이벤트에서 학습여정으로, 일과 학습의 분리에서 일과 학습의 결합으로

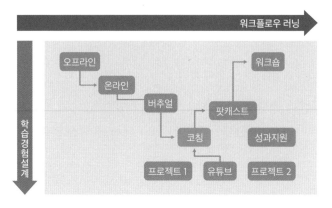

니는 일회성 짙은 이벤트로 끝나지 않고 현장과 연결해 다양한 학습 경험들로 구성하여 실질적인 학습이 성과로 이어지도록 만든 프로그램이다.

러닝 저니는 이벤트성 정형학습을 보완하기 위해 등장했다. 기존의 오프라인 교육과 러닝 저니의 차이점을 살펴보면 다음과 같다.

우선 오프라인 교육은 교실 또는 연수원 등 클래스룸 환경을 가정한다는 점이다. 러닝 저니는 일과 학습의 결합을 지향함으로써 학습공간을 워크플레이스(업무현장)로 가정한다. 둘째, 오프라인 정형학습이 일회성 이벤트 중심이라면 러닝 저니는 보다 긴 기간의 프로세스를 선택한다. 러닝 저니의 궁극적인 목표는 업무성과이며, 업무가 프로세스로 이루어지기 때문에 학습 또한 업무프로세스에 맞춘 프로그램이다. 셋째, 오프라인 교육이 일반적인 정형학습만으로 구성된다면 러닝 저니는 정형학습뿐만 아니라 다양한 비정형학습까지 확장해 설계된다. 이런 측면에서 정형학습이 마지막으로 교수설계[ID, Instructional Design]를 통해 프로그램을 만든다면, 러닝 저니는 학습경험설계[LXD, Learning eXperience Design]를 통해 프로그램을 만든다. 프로그램을 정형학습으로 구성하는 것이 아니라 다양한 학습경험들로 확장해 설계하는 것이다.

LXD를 조금 더 설명하자면 LXD는 학습경험설계라는 개념이다. 우리는 교육을 흔히 ID[Instructional Design], 즉 교수설계를 하는 것이라고 말한다. 교수설계자는 전통적인 정형학습을 설계하는 역할을 담당하는 사람으로, 오프라인 교육이나 이러닝을 설계하는 사람을 의미한다. 반

■ 러닝 저니와 정형학습의 비교

정형학습(클래스룸)	러닝 저니
교실 또는 연수원	워크플레이스(업무현장)
이벤트	프로세스
정형학습	정형&비정형학습
ID(교수설계)	LXD(학습경험설계)

면 LXD는 정형학습을 넘어 비정형학습까지 통합적으로 설계함을 의미하는 개념이다. 디지털 기술의 발달과 비정형학습의 중요성이 증대함으로써 LXD가 교육자들의 중요한 역할임이 대두되고 있다.

ID와 LXD의 가장 큰 차이점은 정형학습만을 설계하는 것이 아니라 정형 및 비정형학습을 설계한다는 점이다. 오프라인 교실에서의 수업을 설계하는 것에 그치지 않고 교실 밖에서 또는 디지털 환경하에서의 학습경험을 수업설계에 반영하는 것이다. 독도에 대해 교실에서 수업했다면, 독도 체험관을 현장 학습하게 하고 독도와 관련된 블로그를 찾아보게 하거나 독도에 관한 사진들을 학급 밴드에 올리도록 하는 방법으로 다양한 학습경험을 통합적으로 설계하는 것이다.

러닝 저니 프로그램의 설계 방식

러닝 저니 프로그램의 설계는 크게 3단계로 나뉜다. 각 단계는 학습목표의 구체화, 적절한 학습방법 매칭, 프로그램 구성 및 학습로드맵 작성으로 구성된다.

첫 번째 단계는 학습목표의 구체화로 이부분이 전체 과정 중 가장 중요한 부분에 해당된다. 이 단계에서는 학습목표를 구체적인 행동언어로 제시해야 한다. 오른쪽의 그림처럼 '새로운 시스템 세일즈를 위

■ 학습목표 구체화 과정

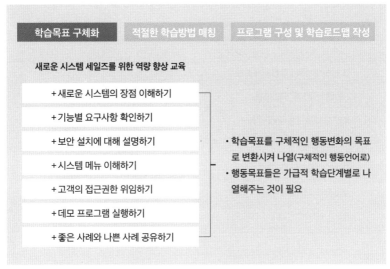

출처 ATD 21 〈Improve Employee Performance with a Great Blend〉에서 편집

한 역량 향상 교육'이라면 이 교육을 통해 어떤 행동변화가 구체적으로 달성되는지를 나열해준다. 새로운 시스템의 장점 이해하기, 기능별 요구사항 확인하기 등 교육프로그램을 통해 행동변화의 구체적인 목표를 학습단계별로 정리해주는 단계이다.

두 번째 단계는 적절한 학습방법의 매칭 단계다. 도출된 행동목표를 달성하기 위해 어떤 교육방식이 가장 적합한지 연결시켜주는 부분이다. 오디오, 비디오, 이러닝, 버추얼 러닝, 오프라인 교육 등 다양한 교육방법을 학습목표에 적합한 방식으로 매칭하는 것이다.

■ 적절한 학습방법 매칭

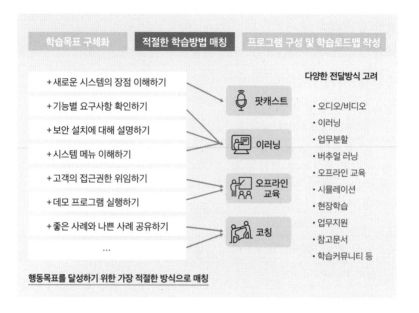

위 그림의 예에서 '새로운 시스템의 장점 이해하기'라는 목표는 팟캐스트 방식으로, '기능별 요구사항 확인하기' 등 보다 구체적인 학습이 필요한 목표는 이러닝으로, 실습이 필요한 '고객의 접근권한 위임하기' 등의 목표는 오프라인 교육으로, '좋은 사례와 나쁜 사례 공유하기' 라는 행동목표는 현업에서의 코칭으로 연결시켜준 사례다.

행동목표를 가장 적절한 방식으로 매칭하기 위해서는 효과성과 효율성을 동시에 고려하는 것이 중요하다. 예를 들어 단순한 이해가 필요한 학습목표를 오프라인 교육으로 해결하려 하거나, 고객들과의 상담

스킬 향상이라는 실습이 필요한 학습을 동영상으로 해결하려 하면 효율적이지 못한 방식이 될 것이다. 학습목표와 학습방식을 적절히 매칭할 때 효율성과 효과성을 고려하는 방식으로 진행해야 한다.

마지막 단계는 프로그램의 구성 및 학습로드맵 작성 단계이다. 학습목표와 학습방식을 적절히 매칭했다면 이를 종합적인 프로그램 및 학습로드맵으로 만드는 단계이다. 우선 프로그램의 구성을 진행한다. 앞의 사례에서 활용되었던 교육방법을 순차적으로 나열한다. 팟캐스트 → 이러닝 → 오프라인 교육 → 코칭의 각 방식들을 순서대로 보여주는 형식을 취한다. 이렇게 구성된 프로그램에서 시간을 안배하는 단계를 거치게 된다. 팟캐스트는 2분, 이러닝은 20분, 오프라인 교육

■ 프로그램 구성 및 학습로드맵 작성

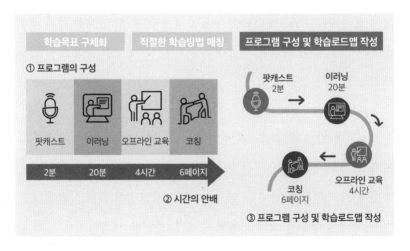

4시간, 코칭은 6페이지 자료와 함께 제공하는 방식으로 시간을 안배하는 것이다. 이렇게 시간의 안배까지 완료되면 이를 학습자들이 보기 좋게 로드맵으로 작성하는 것으로 마무리된다.

러닝 저니를 강화하는 BSCM 강화 전략

러닝 저니 프로그램의 효과를 높이기 위해서는 BSCM 강화 전략이 필요하다. BSCM 강화 전략은 Behavior(행동변화), Social(상호작용), Cognitive(인지), Motivation(학습동기) 4가지로 구성되며, 각 내용에 대해 살펴보면 다음과 같다.

행동변화 강화

학습이 이루어졌지만 행동변화로 연결되지 않는다면 학습은 무용지물에 불과하다. 따라서 학습이 행동으로 연결될 수 있도록 하는 것이 중요한데, 학습한 내용을 행동변화로 이끌 수 있도록 프로그램을 설계하는 것이다.

칭찬하는 방법에 대한 학습을 했다면, 이를 워크플로우 안에서 실행하도록 '당신의 동료 중에서 선정해 3가지 이상 칭찬 메일을 보내보세요'처럼 유도 메일을 보낼 수도 있을 것이다. 생산성에 대해 학습했다면, '현장 생산성 향상을 위해 적용할 수 있는 방안을 제출하시오' 등과 같은 과제를 부여하는 방법도 실행할 수 있다.

상호작용 강화

학습자와 학습자 간 또는 학습자와 교수자 간, 그리고 학습자와 관련 인물 간의 상호작용을 강화하는 전략이다. 교학상장敎學相長이란 '가르치고 배우면서 서로 성장한다'는 의미다. '좋은 안주가 있더라도 먹어 보아야만 그 맛을 알 수 있다. 진리가 있다고 하더라도 배우지 않으면 그것이 왜 좋은지 모른다. 배움 이후로 자기의 부족함을 알 수 있으며, 가르쳐 본 후에야 어려움을 알 수 있다'라는 문장과 함께 중국의 고전 《예기禮記》에 등장하는 고사성어다. 러닝 저니 프로그램의 효과를 위해서는 교학상장의 장을 마련해주는 것이 필요하다. 사람들은 일방적인 학습 외에도 다양한 상호작용을 통해 성찰하고 성장하기 때문이다. 러닝 저니 프로그램 안에 토론, 코칭, 멘토링 등 다양한 상호작용 방법을 활용하는 것이 중요하다.

인지 강화

학습을 기억하게 만드는 것이 인지 강화 전략이다. 러닝 저니 프로그램에서 학습한 주요 내용을 다시 한 번 기억하게 만드는 전략을 의미한다. 학습한 내용을 1일, 1주일, 1개월 뒤에 반복적으로 상기하게 만들어 단기기억에서 장기기억으로 이동해 학습한 내용을 숙지할 수 있도록 하는 과정이다. 짧은 요약 형태의 콘텐츠 또는 퀴즈 형식이 많이 활용된다. 앞에서 설명한 헤르만 에빙하우스의 망각곡선을 극복하기 위해서 학습자들의 기억을 강화하여 실제 워크플로우 내에서 활용할 수 있도록 만드는 것이 필요하다.

학습동기 강화

학습동기는 학습을 지속할 수 있는 추진력 역할을 한다. 학습동기를 부여하고 이를 지속적으로 유지하는 것이 교육프로그램을 보다 효과적으로 만드는 데 필수적이다. 학습동기 관련 이론으로는 교육심리학자 존 켈러John Keller의 ARC-S 모델이 대표적이다. ARC는 Attention(주의), Relevance(관련성), Confidence(자신감)로 구성되며, 이는 학습동기를 유발하는 요인이다. 3가지 요인이 충족될 때 학습자들은 학습에 노력을 기울이게 되는 것이다. 덧붙여 S는 Satisfaction(만족)으로 학습에 대한 결과가 공정하면 만족을 느낀다는 의미로 학습동기를 지속시켜주는 부분이다.

좀 더 설명하면 Attention(주의)은 주의나 관심을 우선 끌어야 한다는 의미다. 학습에 흥미를 갖게 할 수 있도록 도입부에 인상적인 시청각 자료를 활용하거나 사례를 보여주는 방법을 시도할 수 있다. Relevance(관련성)는 학습자들이 본인들의 일상생활과 관련 있어야 학습동기를 갖는다는 것으로 학습자 주변에서 일어나는 일들과 연관시켜 학습을 설계하는 것이 학습동기를 위해 중요하다는 의미다.

Confidence(자신감)는 학습자들이 성취할 수 있다는 믿음을 갖게 하는 것이다. 학습수료 기준을 명확히 하고, 난이도를 맞추고, 학습속도를 스스로 조절할 수 있도록 하는 방법이 많이 활용된다. Satisfaction(만족)은 학습에 대한 만족감을 보이는 것으로 존 켈러는 학습결과에 대한 공정성이 매우 중요하다고 강조한다. 평가의 공정성을 확보하고 학습결과에 대한 다양한 보상을 활용하는 것이 만족감을 갖고 학습동기를 지속적으로 유지하는 데 필요하다.

학습도 넷플릭스처럼, 학습경험플랫폼

학습경험플랫폼이란

〈By Learning in the Workplace Survey 2020〉에서 제인 하트[Jane Hart]의 연구 조사는 비정형학습이 점점 중요해지고 있음을 알려준다. 해당 조사에서 제인 하트는 '앞으로 교육 전문가들에게 가장 필수적이고 중요한 교육방식은 무엇인가?'라는 질문을 했다. 1위는 업무경험, 2위 지식 공유, 3위 웹 서치, 4위 피드백 & 가이드, 5위 웹 자료, 6위 코칭 & 멘토링, 7위 전문가 네트워킹, 8위 회사 내 성과지원 자료, 9위 블로그였다. 1위부터 9위까지 모두 비정형학습과 관련된 것이다. 그렇다면 10~12위는 어떨까? 10위는 이러닝, 11위는 컨퍼런스 참여, 12위는 오프라인 교육이었다.

지금의 교육은 아쉽게도 10~12위에 해당되는 정형학습에 너무 많은 투자를 하고 있다. 비정형학습을 통합한 학습경험을 제공하는 것이 교육에 중요한 과제가 되어 가고 있는데도 말이다. 이런 시점에서 등장한 플랫폼이 바로 학습경험플랫폼[LXP]이다. 대표적인 LXP 관련 회사인 Valamins.com에 의하면 'LXP는 고객지향적 학습솔루션으로 맞춤형 학습경험과 새로운 학습기회를 제공하도록 설계된 플랫폼'이라 정의하고 있다.

이 정의에서 우리가 주목할 부분은 '맞춤형 학습경험'이라는 표현이다. 우선 LXP는 일방향의 정형학습을 제공하는 것이 아니라 다양한 학습경험을 제공한다. LMS(학습관리시스템)가 이러닝이나 오프라인 교육을 제공하고 관리하는 역할을 한다면, LXP(학습경험플랫폼)는 오디오북, 이러닝, 마이크로 러닝, 유튜브, 아티클, 도서학습 등 다양한 형태의 학습경험을 맞춤형으로 제공한다는 데 그 특징이 있다. 다시

■ 학습관리시스템 VS 학습경험플랫폼

학습관리시스템 (LMS, Learning Management System)	학습경험플랫폼 (LXP, Learning eXperience Platform)
정형학습	정형&비정형학습
일방향	학습자 맞춤형 학습
공급자 중심	학습자 중심
공중파 TV	넷플릭스, 유튜브

말해 LXP는 일방향이 아닌 다양한 학습경험을 학습자에게 맞춰 제공하는 것을 지향하는 것이다.

이러닝의 근간이었던 LMS와 LXP의 차이점은 크게 4가지 정도로 요약할 수 있다. 우선 LMS가 정형학습 중심이었다면 LXP는 정형학습과 비정형학습을 포괄하는 학습경험을 제공하고 있다는 점이다. 다음으로 LMS가 일방향의 공급 중심이었다면 LXP는 맞춤형 학습을 지원한다. 또한 LMS는 공급자가 교육을 잘 관리하는 것이 우선이었다면, LXP는 학습자 중심으로 설계되어 학습자가 다양한 학습경험을 맞춤형으로 할 수 있도록 지원한다는 것이다. 마지막으로 이를 종합적으로 보았을 때 LMS는 공중파 서비스와 닮아 있다고 할 수 있는데, 공중파 TV의 편성표처럼 월간 혹은 연간 교육과정 편성표를 공지하고 수강신청을 받는 형식으로 공급자 중심에서 학습자에게 일방향으로 이루어지는 학습을 지원한다. 반면 LXP는 넷플릭스나 유튜브와 닮아 있다고 할 수 있겠다. 다양한 콘텐츠를 맞춤형으로 선택할 수 있으며 자신에게 맞는 학습경험을 맞춤형으로 추천받을 수 있다.

학습경험을 지원하는 플랫폼으로 대표적인 곳이 디그리드Degreed다. 디그리드는 세계 최초의 평생 학습플랫폼 기업으로 '학위와 관련된 제약을 없애자'라는 미션하에 창립되었다. 300만 명 이상의 사용자를 확보하고 있는 디그리드는 전문가가 될 수 있는 방법은 매우 다양하며, 모든 방식의 학습은 유의미하다고 믿는다. 공식적으로 인증된 학위나 자격증 취득과 같은 전통적인 학습방식이든, 비공식적이고 자기주도적인 방식이든, 특정 지식이나 기술이 필요해지는 순간에 배우는 방식이든 모든 학습자들은 자신에게 최적화된 학습경험을 통해 최고의 성과를 창출할 수 있다는 것이다. 학습자들이 빠르고 비용 효율적으로 배울 수 있도록 돕기 위해 이들이 학습을 위해 사용하는 모든 리소스들(이러닝을 포함하여 비디오, 기사, 도서, 팟캐스트 및 전문가 연결)과 자사의 학습플랫폼을 연결했다.

디그리드의 학습플랫폼 안에서 기업은 직원들이 업무수행을 위해 도달해야 하는 전문성의 수준, 또는 직원들 스스로가 계발하고자 하는 역량의 목록을 작성하고 관리할 수 있다. 개인이 등록한 목표와 관심사 데이터를 기반으로 학습자들의 목표와 관련성이 높은 콘텐츠를 선별해 적시에 제공함으로써 교육을 '성공에 대한 데이터 예측'으로 전환시킨다. 뿐만 아니라 이 플랫폼을 통해 축적되는 데이터는 조직 전반에 어떤 공백이 존재하며 향후 개발 및 인재채용에 있어 어떤 영역에 집중해야 하는지도 알려준다.

디그리드와 같은 플랫폼을 학습경험플랫폼, 즉 LXP^{Learning eXperience Plat-form}라고 한다. 학습경험을 통합적으로 학습하고 지원할 수 있는 학습자 중심의 플랫폼인 것이다.

LXP와 워크플로우 러닝

LXP는 워크플로우 러닝의 핵심 플랫폼으로 자리 잡고 있는데, LXP가 워크플로우 러닝에서 의미하는 바는 크게 3가지로 정리해볼 수 있다.

우선 24/7의 학습공간을 제공한다는 것이다. 워크플로우 러닝을 지원하기 위해서는 24시간 1주일 내내 어디서든 학습지원을 제공할 수 있다는 것이 중요하다. 재택근무가 일반화된 환경에서 재택이든, 사무실이든, 이동 중이든 언제 어디서나 학습의 필요가 생기는 것이 지금의 디지털 사회에서는 일반화되고 있기 때문이다. LXP는 이런 관점에서 학습과 관련된 경험을 언제 어디서든 제공할 수 있는 대표 플랫폼으로서의 역할을 할 수 있다.

두 번째로 LXP는 다양한 학습경험을 통합적으로 제공하고 관리하게 해준다. LXP의 특성은 오픈형이다. 따라서 다른 플랫폼과의 결합을 통해 오디오북, 팟캐스트, 블로그, 아티클 등 다양한 학습경험을 제공하며 관리할 수 있다는 장점이 있다. 학습자들은 하나의 LXP 플랫폼에서 다양한 학습경험을 제공받을 수 있으며, 관리자 입장에서는 다양한 콘텐츠를 제공하고 이를 통합적으로 관리할 수 있는 것이다.

세 번째로 맞춤형 학습경험 제공을 통해 학습효과 및 학습효율성을 높일 수 있다. 예를 들어 학습자들이 업무 중 모르는 단어가 나오면 이를

LXP에서는 영상콘텐츠를 활용해 기본 지식을 습득할 수 있도록 해준다. 업무에 적용한 사례가 궁금하다면 LXP에서 실제 활용 사례에 대한 아티클을 살펴볼 수 있다. 전문가와의 코칭이 필요하다면 LXP와 연결된 코칭 플랫폼을 통해 코칭을 받을 수도 있을 것이다. 이렇듯 업무환경에서 일어나는 다양한 학습지원이 적시에, 적합한 방법으로 제공되고 업무성과 극대화를 지원하는 것이 LXP의 특징이다.

LMS / LXP / LRS / CMS

맞춤형 학습경험을 제공하는 LXP 환경을 구축하기 위해서는 다양한 시스템과 연동하는 것이 필요하다. 크게 4가지 시스템이 함께 연동하면서 구현되는데, LXP를 구축하거나 도입할 때는 다음의 4가지 시스템의 특성을 참고하는 것이 중요하다.

정형학습을 제공하는 LMS

LMS는 LXP가 등장하면 없어지는 것이 아니다. LMS와 LXP는 공존하면서 학습자들에게 적절한 서비스를 제공하는 것이 일반적이다. LMS는 이러닝과 버추얼 러닝을 제공할 뿐 아니라 오프라인 학습의 관리 역할도 담당하게 된다.

비정형학습을 포함한 통합적 학습경험을 제공하는 LXP

LXP는 LMS가 제공하는 정형학습 외에 비정형학습을 통합적으로 제공하는 역할을 한다. LXP는 LMS뿐만 아니라 비정형학습 부분인 독서학습 서비스, 오디오북 서비스, 현업적용 툴 등과 연동함으로써 학습자들 입장에서는 LXP에서 통합적으로 제공받는 것처럼 보이게 된다.

학습자들의 학습경험 데이터를 통합 관리하는 LRS

LXP가 맞춤형으로 학습서비스를 제공하기 위해서는 데이터 확보가 무엇보다 중요하다. 맞춤형 학습제공이라는 의미는 결국 콘텐츠와 학습자를 연결하는 부분이기에 학습자 정보와 콘텐츠 정보를 확보하는 것이 필요하다. 이런 관점에서 학습자 정보와 학습경험 데이터를 통합 관리하는 역할을 하는 것이 LRS^{Learning Record Store}, 즉 학습분석솔루션이다. 학습자들의 다양한 학습경험이 이곳에 축적되는 것이다. 'A학습자가 B콘텐츠를 보았습니다.' 'A학습자가 C블로그를 학습했습니다.' 'A학습자가 D콘텐츠에 좋아요를 눌렀습니다' 등 학습자에 따른 다양한 학습경험 정보들이 이곳에 쌓이게 된다.

콘텐츠 서비스를 통합 관리하는 CMS

LXP는 다양한 학습경험을 통합적으로 제공하는 것이 특징이다. 이를 위해서는 다양한 유형의 콘텐츠를 통합 관리해야 하는데, 이런 역할을 하는 것이 CMS^{Contents Management System}, 즉 콘텐츠 통합 관리 시스템이

■ LMS / LXP / LRS / CMS

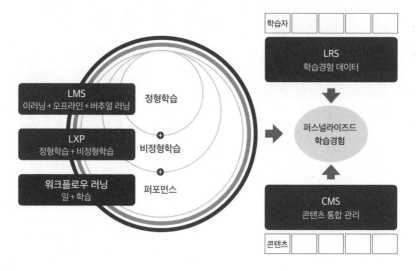

다. 독서학습, 오디오북, 아티클, 블로그 등 다양한 콘텐츠들이 CMS를 거쳐서 LXP로 제공되게 된다.

요약하자면 LRS와 CMS는 학습자 데이터와 콘텐츠를 저장 관리하는데 근간을 이루는 시스템이며, 이를 바탕으로 사용자들이 활용할 수 있는 시스템이 바로 LMS와 LXP이다. LMS는 정형학습을 관리하는 시스템에 국한되지만 LXP의 경우 정형학습을 넘어 비정형학습 그리고 성과지원 시스템까지 그 범위를 확대한다.

3

워크플로우 러닝의 핵심 이슈
학습몰입과 업무성과

디지털 러닝은 오프라인 학습과 달리 학습몰입이 저하된다는 이슈를 가지고 있다. 디지털 교육에서 학습몰입은 디지털 교육의 효과 측면에서 반드시 해결해야 하는 과제인 것이다. 디지털 학습에 있어 학습몰입을 증가시키는 방법은 크게 3가지로 요약할 수 있다. 첫 번째가 퍼스널라이즈드 러닝이다. 디지털 학습환경에서 교육이 맞춤형으로 제공된다면 학습자들의 몰입도를 높일 수 있다. 두 번째는 학습동기 부여이다. 디지털 학습환경에서는 학습동기 부여에 한계가 있는 것이 사실이다. 다양한 디지털 지원을 통해 학습동기 부여를 늘리는 것이 필요하다. 마지막으로 함께 학습할 수 있는 소셜 러닝 환경의 구축이다. 디지털 환경에서는 학습자가 외롭다는 느낌을 갖게 되는데, 이들을 외롭지 않게 함께 학습하고 있다고 느끼도록 하는 것이 중요하다.

디지털 러닝의 핵심 이슈, 학습몰입

디지털 러닝과 학습몰입의 이슈

2020년 10월 27일부터 11월 2일까지 교육부에서 실시한 온라인 설문조사 결과는 학부모의 62.8%, 교사의 68.4%가 원격수업이 학생 간 수준 차이의 변화를 가져왔다고 답변했다. 또한 한국교육학술정보원의 2020년 조사에 의하면 교사 10명 중 8명이 원격수업 이후 학생 간의 학습격차가 증가했다고 대답했다.

디지털 러닝은 오프라인 학습과 달리 학습몰입이 저하된다는 이슈를 가지고 있다. 이런 이유로 디지털 학습에서 학습격차가 벌어지는 것이 사실이다. 상위권 학생의 경우 온라인이든 오프라인이든 학업성취에 큰 변화가 없었지만, 중위권에 있는 학생들은 오프라인에서 온라인으로 학습환경이 바뀌면서 학습몰입이 저하되고 성취도가 하락하면서 학습격차도 발생한다. 이러한 격차의 근본적인 문제는 학습몰입도에 있다고 할 수 있다. 학습몰입 수준은 오프라인 교육보다 온라인 교육이 낮기 때문이다. 교육 영역은 크게 콘텐츠 영역과 매니지먼트 및 케어 영역으로 나뉜다. 오프라인 교육환경에서는 2가지 영역을 한 명의 교사가 모두 처리하는 것이 가능했다. 수업을 진행하면서 아이들을 집중시키기도 하고, 질문을 자유롭게 던지기도 하는 등 면학 분위기를 조성한다. 아이들끼리 서로 물어보는 상호작용 학습이 자연스럽게 이루어지도록 만들고, 서로 이야기하고 바라보며 함께 성장하는 것이 가능하다.

하지만 비대면 학습환경에서는 매니지먼트 및 케어 영역의 많은 부분이 불가능하다. 학습자 입장에서는 옆에 있던 학습동료가 사라진 것이다. 질문은 채팅이나 이메일로 해야 하고, 혼자만의 공간에서 수업을 진행하다 보니 확고한 의지가 아니고서야 제대로 집중하기 힘들다. 교사는 학습자인 자신을 전혀 신경 쓰지 않는 것 같고 친구들은 그저 온라인 커뮤니티 속 지인처럼 느껴진다. 교육서비스는 강의만으로 이루어지지 않는다. 학습동기 부여, 학습내용의 활용, 동료와의 공유, 협력학습, 그리고 통합 관리라는 종합적인 매니지먼트 및 케어 영역 또한 매우 중요하다. 코로나19로 디지털 교육환경으로의 급격한 변화로 인해 교육현장에서는 콘텐츠만을 온라인화하는 데 급급했던 것이 사실이다. 콘텐츠의 온라인화뿐만 아니라 매니지먼트 및 케어 영역 또한 디지털로 전환되어야 하지만 현실은 그렇지 못했던 것이다. 이런 측면에서 학습몰입을 높이기 위한 디지털 환경의 지원은 매우 중요하게 떠오르고 있다.

디지털 학습자의 학습몰입을 위한 3가지 방법

디지털 학습에 있어 학습몰입을 증가시키는 방법은 크게 3가지로 나눠 요약할 수 있다.

첫 번째는 퍼스널라이즈드 러닝이다. 디지털 학습은 자기주도 학습자를 가정한다. 동일한 시간에 동일한 장소가 아닌 언제 어디서나 학습할 수 있는 환경을 가정하기 때문에 개인의 주도적인 학습역량이 중요하다. 이런 측면에서 학습의 몰입은 매우 강조된다. 디지털 학습환

■ 디지털 러닝의 핵심 이슈인 학습몰입

학습몰입(PMS 프레임워크)		
맞춤형 학습, 맞춤형 관리	학습동기의 부여	학습자를 외롭지 않도록
Personalized Learning (퍼스널라이즈드 러닝)	**Learning Motivation** (학습동기 부여)	**Social Learning** (소셜 러닝)
큐레이션 챗봇 대시보드	게이미피케이션 디지털 배지 몰입형 학습(VR/AR/게임)	디지털 플랫폼 메타버스 플랫폼

경에서 맞춤형으로 교육이 제공된다면 학습자들의 몰입도를 높일 수 있다. 우리가 유튜브를 계속해서 보게 되는 이유 중 하나는 맞춤형 콘텐츠를 지속적으로 추천해주기 때문이다. 학습자들은 자신의 관심분야에 대해서는 더 몰입하기 마련이다. 따라서 퍼스널라이즈드 러닝은 맞춤형으로 학습을 제공함으로써 학습자들의 학습몰입과 참여도를 높인다. 더불어 퍼스널라이즈드 러닝은 맞춤형 학습추천에 그치지 않고 맞춤형 학습독려, 맞춤형 학습관리까지 그 범위를 확장한다. 진도율에 따른 일대일 학습독려, 학습현황에 대한 분석과 실시간 피드백을 통한 맞춤형 학습관리 등 학습 외에 관리적인 영역에서도 맞춤형 방법이 활용되고 있다. 맞춤형 학습에 가장 많이 쓰이는 기술은 빅데이터와 인공지능이다. 다양한 데이터와 알고리즘을 바탕으로 맞춤형 학습과 학습관리를 지원해주는 것이다.

두 번째는 학습동기 부여이다. 오프라인 환경에서는 다양하게 학습동기를 부여할 수 있다. 함께 박수를 친다든지 간식을 포상으로 제공하거나 머리를 쓰다듬어 줄 수도 있다. 이런 학습동기 부여 방식은 학습자들의 몰입을 가져오게 한다. 하지만 디지털 학습환경에서는 학습동기 부여에 한계가 있다. 실시간 라이브 교육에서는 커뮤니케이션 어플이나 채팅으로 가능한 측면이 있지만, 오프라인 환경에 비하면 약한 것이 사실이다. 실시간이 아닌 이러닝이나 마이크로 러닝으로 옮겨가면 학습동기 부여는 더욱 어려워진다. 디지털 환경에서 학습동기 부여에 가장 많이 활용되는 요소가 게이미피케이션Gamification이다. 게이미피케이션은 게임적 요소를 활용하는 것으로, 대표적인 예로는 포인트Point, 배지Badge, 리더보드Leaderboard라 불리는 PBL이 있다. 학습동기 부여 방식은 게이미피케이션 외에도 VR이나 AR, 게임 등을 활용해 학습몰입감과 흥미, 재미를 높이는 방법도 많이 활용되고 있다. 또한 학습수료와 성취에 대한 배지를 제공하고 이를 통해 학습이력을 통합 관리하게 하는 디지털 배지도 학습동기 부여를 위해 많이 활용하고 있다. 디지털 배지는 단일 학습에 대한 동기 부여뿐만 아니라 성취의욕을 북돋아 지속적인 학습의 동기 부여를 불러일으키는 장점이 있다.

마지막으로, 함께 학습할 수 있는 소셜 러닝 환경의 구축이다. 디지털 환경에서는 학습자와 교수자가 대면환경에 놓여 있지 않기 때문에 상대적으로 커뮤니케이션이 어려운 학습환경이다. 디지털 환경에서 학습자와 학습자, 학습자와 교수자가 다양한 커뮤니케이션을 통해 상호작용을 촉진해주는 것은 학습동기 부여와 학습효과를 높이기 위한 중요한 요소다. 토론, 게시판, 채팅, 온라인 커뮤니티, SNS 등 소셜 러닝을 활용한 다양한 툴로 학습커뮤니케이션을 활성화하고 이를 통해 학습의 질을 높이는 것이 필요하다. 최근에는 상호작용 활성화를 위해 메타버스 플랫폼을 활용하는 사례도 증가하고 있다.

디지털 학습동기 부여의 강력한 툴, 게이미피케이션

디지털 학습에서의 게이미피케이션

애플의 공동 창업자 스티브 워즈니악Steve Wozniak은 "지식을 가르치는 게 중요하기는 하지만 수업을 재미있게 해서 아이들이 배우고 싶게 만드는 것이 더욱 중요하다. 내 인생에서 가장 잘했던 건 모두 하고 싶은 것이었다"라고 말하며, 지식은 동기 부여보다 중요하지 않다는 점을 강조한다.

디지털 학습에서는 오프라인과 달리 학습동기 부여를 할 수 있는 방법이 상대적으로 많지 않다. 오프라인 수업에서는 상호작용, 칭찬, 격려 등을 통해 학습자들의 동기를 불러일으키는 것이 지속적으로 가능하다. 하지만 디지털 학습환경에서는 학습자들에게 직접적인 상호작용, 칭찬, 격려가 어려운 것이 사실이다. 이런 환경에서 학습자들의 지속적 학습과 학습몰입을 위한 방법으로 가장 많이 쓰이는 방식이 게이미피케이션이다. 게이미피케이션은 명사 '게임Game'과 접미사 '화fi, fication'의 합성어로, 게임이 가지고 있는 특성, 즉 게임적인 사고와 디자인적 요소game mechanics 등을 활용하여 사용자를 몰입하게 하거나 문제를 해결할 수 있도록 만드는 과정을 의미한다. 다시 말해 게이미피케이션의 교육적 활용은 게임요소 중 일부를 활용해 교육에 몰입하도록 하고 교육효과성을 높이는 과정을 말한다. 즉 게임을 활용하는 것이 아닌 게임 메커니즘을 활용하는 것이다.

게임 메커니즘에는 대표적으로 포인트(포인트 부여), 배지(성취에 따른 보상 제공), 레벨(1~9레벨 형식으로 자신의 수준 표시), 시뮬레이션(선택에 따라 다양한 피드백이 나오도록 하는 것), 아바타(자신의 아바타 설정), 리더보드(이달의 학습왕 등 게시) 등이 있다.

그렇다면 게이미피케이션의 대표적인 방법에는 어떤 것들이 있을까? 가장 많이 활용하고 효과적인 방식으로는 PBL, 즉 Points, Badge, Level, Leaderboard 등이 있다.

포인트
게이미피케이션에서 가장 많이 활용하는 방식으로 학습자의 행동에 따라 점수를 부여하는 방식이다. 포인트는 학습을 시작하는 동기 부여와 동시에 계속적으로 학습사이트에 접속하게 만드는 역할도 한다. 예를 들어 학습 로그인 시 지속적으로 포인트를 부여하는 방식으로 학습자들이 학습사이트를 자주 이용하게 만들 수 있다. 또한 포인트는 게이미피케이션의 기본이 되는 방법으로 학습활동에 따른 보상을 부여하여 학습과 관련된 활동을 지속적으로 유도할 수 있다.

배지

일정 포인트의 도달, 미션 성공에 배지를 부여하는 형식이다. 배지는 학습자들의 학습경로를 제시해줄 수 있다. 또한 한 가지 배지를 획득하고 다음번에 획득해야 할 배지는 어떤 것인지 보여주어 학습자들의 성취동기를 자극할 수 있다. 더불어 학습수료에 따른 배지를 취득하게 할 경우 학습자가 모든 학습을 종료할 수 있도록 동기를 부여하는 특징이 있다.

레벨

학습자의 수준에 따라 레벨을 나누는 방법이다. 숫자나 계급 등으로 등급을 나누어 자신의 레벨을 확인할 수 있도록 해준다. 레벨은 학습자들에게 상위레벨로의 성취동기를 자극한다. 3레벨의 학습자가 4레벨의 학습자로 가기 위해 어떤 학습활동을 해야 하는지에 대한 동기를 부여한다.

리더보드

학습자들의 랭킹을 보여주는 형식이다. 1위부터 10위까지의 학습현황을 보여주거나 학습참여율 순위를 보여주는 방식이다. 리더보드는 경쟁의 요소를 자극하는 방법이다. 자신의 상대적인 순위를 알려주어 상대방과의 경쟁을 유도함으로써 자연스럽게 학습활동을 촉진할 수 있다.

앞에서 살펴본 것처럼 게이미피케이션의 방법은 한 가지로도 활용 가능하지만 묶어서 적용할 수 있다. 모든 게이미피케이션의 방법을 종합적으로 적용할 수 있고, 포인트와 배지, 레벨만 활용할 수도 있다.

딜로이트 리더십아카데미는 온라인 기반의 리더십 교육프로그램으로 14개국 5만 명이 넘는 임직원들이 참여하는 딜로이트의 사내 리더십 교육프로그램이다. 교육생들은 온라인 교육포털을 통해 하버드 경영대학원, 스탠포드 경영대학원, 멜번대학교 등 다양한 교육기관에서 제공하는 프로그램을 수강할 수 있는데, 게이미피케이션 요소인 배지, 리더보드, 미션 등의 요소를 교육사이트에 적용해 교육효과를 극대화하고자 노력했다. 이수한 강의에 따라 포인트와 배지를 획득하게 되고, 점수가 높은 사람은 리더보드에 오르는 형식으로 인사시스템과도 연계되어 있어 직원들의 학습동기에 많은 영향을 주고 있다. 실제 게이미피케이션을 적용한 결과 교육사이트에 접속하는 직원

수가 하루에 46.6% 상승했으며 주 단위로 확인했을 때는 접속 교육생 수가 36.3%나 증가했다고 한다. 이를 통해 조기에 리더십 아카데미를 졸업하는 학생과 교육이수에 따른 배지 획득자가 증가하는 등 게이미피케이션 적용만으로도 학습동기를 높이는 많은 효과를 본 사례라 할 수 있다.

게이미피케이션의 실제 활용 방법

게이미피케이션을 개발하는 여러 가지 모델이 있지만 쉽고, 단계별로 적용할 수 있는 케빈 워바흐Kevin Werbach 교수의 모델을 소개하고자 한다. 워바흐의 게이미피케이션 디자인 프레임워크 6D 모델Werbach's Gamification Design Framework 6D Model로도 불리는 이 설계 방법론은 게이미피케

■ 케빈 워바흐의 게이미피케이션 디자인 프레임워크 6D 모델

1단계: Define Business Objectives(성과목표를 명확히 한다.)

2단계: Delineate Target Behaviors(타깃 행동들을 기술한다.)

3단계: Describe the Player(학습자를 기술한다.)

4단계: Devise Activity Loops(행동의 고리를 구상한다.)

5단계: Don't Forget the Fun(재미를 잊지 말아야 한다.)

6단계: Deploy the Appropriate Tools(적절한 방법을 배치한다.)

이선을 실제 설계하고자 할 때 가이드가 되는 모델이다. 워바흐의 모델에 대해 각각의 단계별로 살펴보면 다음과 같다.

1단계 성과목표를 명확히 한다

게이미피케이션을 하는 이유에 대해 명확히 하는 단계이다. 무엇을 위해 게이미피케이션을 설계하는지 목표를 나열하고 우선순위를 잡아본다. 게이미피케이션의 성과목표는 다양한데, 예를 들어 학습자들의 학습완료 이슈, 학습참여 확대 이슈, 상호작용 강화 이슈들이 있다.

2단계 타깃 행동들을 기술한다

성과목표에 따라서 학습자들에게 유도할 수 있는 행동들을 적는 단계이다. 학습이수 활동, 학습사이트에 자주 접속하기, 게시판에 글 올리기, 게시판 댓글 달기, 학습이수 후 학습후기 올리기, 학습후기에 좋아요 누르기 등을 구체적으로 나열하는 것이 중요하다.

3단계 학습자를 기술한다

학습자들의 특성을 파악하는 단계이다. 영국의 학자 리처드 바틀Richard Bartle이 구분한 게임 플레이어의 유형 분류Bartle's Player Types를 기반으로 학습자의 특성을 구분하는 것이 도움이 되는데, 이는 크게 4가지 유형으로 나눌 수 있다.

- 킬러Killer적 특성을 가지고 있는 학습자의 경우 경쟁을 즐기고 이기는 것에 흥미가 있는 학습자이다. 게이미피케이션에서 리더보드 등 경쟁요소를 자극하는 방법이 효과적인 학습자이다.
- 성취가 중요한 사람Achiever은 자신의 성취를 중시하는 학습자로 배지나 포인트 등이 효과적으로 작용한다.
- 사교적인 사람Socialites은 관계를 중시하는 학습자로 커뮤니티를 연결해주거나 채팅창을 만들어주는 것이 효과적이다.
- 탐험가Explorers는 탐험과 모험을 중시해 새로운 세계에 대한 예고나 여운을 주는 성취가 효과적인 학습자이다. 미션 등의 챌린지를 많이 부여하는 것이 좋은 방법이다.

4단계 행동의 고리를 구상한다

학습자들이 게이미피케이션에 따른 행동 고리를 고안하는 단계이다. 모범적인 학습자 게이미피케이션 경로를 정의해 보는 단계로 게이미피케이션의 흐름을 한눈에 파악할 수 있도록 하는 것이 중요하다. 예를 들어 학습자가 사이트에 접속할 때 포인트를 부여하고, 학습을 수료할 때 배지를 제공하며 학습게시판에 좋아요를 누르거나 댓글을 달 경우 포인트를 2배로 제공한다. 자신의 포인트 순위를 리더보드를 통해 실시간으로 파악할 수 있고 주간 1등에 링크되었을 때는 명예의 전당 배지를 획득하는 식으로 행동에 따른 구체적인 게이미피케이션을 연결해주는 단계이다.

5단계 재미를 잊지 말아야 한다

재미를 잊지 말아야 한다는 것은 학습자들의 흥미를 충분히 고려해야 한다는 점이다. 게이미피케이션에 활용되는 디자인, 캐릭터를 보다 재미있게 구성하는 것을 고려해야 한다. 전체적인 구성 또한 학습자의 흥미를 유발할 수 있도록 해야 한다. 학습자 입장에서 게이미피케이션 방식이 흥미를 유발하는지 점검하는 단계이다.

6단계 적절한 방법을 배치한다

학습자의 특성, 행동 고리, 타깃 행동에 맞게 적절한 방법을 종합적으로 배치하는 단계이다. 게이미피케이션 설계의 마무리로 종합적인 게이미피케이션 전략을 정리하며 마무리하는 단계이다.

지속적 학습동기 부여를 위한 디지털 배지

왜 디지털 배지인가

학습동기 부여를 위해서는 학습에 대한 보상이 중요하다. 학위나 자격증은 학습에 대한 동기 부여와 보상 차원의 역할을 해왔다. 오프라인 중심의 시대에 우리는 학위나 자격증을 집안에 전시해 두거나 보관함에 정리해 두었을 것이다. 그러다 회사 등에서 학위나 자격증이 필요하다고 하면 일일이 복사하거나 사본을 발급해 그것을 기관에 제출해왔다.

그런데 이런 학위나 자격증을 디지털로 통합 관리한다면 어떨까? 집에 따로 보관할 필요도 없고, 필요시 일일이 발급할 필요도 없다면 매우 편리할 것이다. 이런 관점에서 등장한 것이 바로 디지털 배지다. 나의 학습이수 현황과 역량들을 보여줄 수 있는 증빙자료를 통합 발급, 관리할 수 있게 하는 것이 디지털 배지다. 그렇다면 디지털 배지가 최근에 들어서야 부상하고 있는 이유는 무엇일까?

학위나 자격들을 자유롭게 발급하고 활용할 수 있도록 하기 위해서는 유연한 인증제도가 필요한데, 이런 측면에서 디지털 배지는 기존의 자격증이나 학위증 발급 방식보다 유연하고 접근성이 좋다는 장점이 있다. 여기에 더해서 디지털 배지의 수요가 더 증가하는 이유는 바로 짧은 학위, 짧은 자격 수요가 증가하기 때문이다.

온라인 공개 수업 무크MOOC를 주력 서비스로 하는 스타트업 기업 유다시티Udacity는 실리콘밸리의 많은 혁신 기업들이 IT인력 부족에 시달리는 것을 주목했다. 실리콘밸리의 지식과 기술은 하루가 다르게 급변하고 있다. 이런 지식을 습득하기 위해 기존 4년제 대학과는 다른 솔루션이 필요했는데, 그것이 바로 나노디그리Nano-Degree다.

미래학자들이 예견하듯 지식의 양과 속도가 급속도록 많아지고 빨라지는 시점에 4년이라는 대학교육 기간은 변화하는 시대에 역행하는 제도인 것이다. 즉 조금 더 빠르게 배우고 빠르게 현장에 적용할 수 있는 프로그램이 필요했는데, 그것이 바로 3개월에서 1년짜리 프로그램인 나노디그리다.

유다시티는 나노디그리 프로그램을 기획해 짧은 기간 동안 교육내용을 마스터할 수 있는 온라인 프로그램을 만들었다. 주요 전공은 실리콘밸리에서 많이 필요로 하는 웹개발자, 모바일 개발자, 데이터 분석 전문가 과정이며, 이 프로그램은 오픈 후 현재까지 수천 명의 수강생을 확보할 정도로 매우 인기있는 프로그램이다. 이 프로그램에서 또 한 가지 눈여겨볼 점은 세계 유수의 기업과 채용 연계가 이루어진다는 점이다. 이 프로그램을 수료해야만 채용의 기회가 생기는 기업이 늘어나고 있다. 대표적으로 구글, 페이스북, AT&T의 일부 직종에서 이 프로그램에 동참하고 있다.

유다시티는 프로그램을 수료한 후 6개월간 취업이 안 되면 전액 환불해주는 나노디그리 플러스 프로그램을 추가로 운영하고 있다. 짧은 학위 프로그램의 또 다른 예로 다빈치코더스^{Davinci Coders}라 불리는 마이크로칼리지 프로그램을 들 수 있다. 최고의 미래학 석학 토머스 프레이^{Thomas Frey}에 의해 설립되었으며 4년제 교육으로는 더 이상 빠른 변화를 따라갈 수 없다는 인식에서 출발한 3~6개월짜리 마이크로 학위 프로그램이다. 데이터 분석, 웹디자인, 게임전문가 등 철저하게 직업과 연계된 학습을 진행하는 대학으로 콜로라도주의 정식 학위로 인정된 미국 최초의 마이크로 학위 과정이라 할 수 있다.

나노디그리와 마이크로칼리지같이 짧은 학위, 짧은 자격의 수요가 점점 증가하고 있는 것이 사실이다. 다양한 짧은 학위나 자격이 새롭게 생겨나고 활성화되고 있다. 점점 다양해지는 짧은 단위의 인증을 통합적으로 관리하기 위해서는 디지털 배지가 필요하며, 이러한 니즈를 반영하듯 디지털 배지 시장은 더욱 성장하고 있다.

디지털 배지는 통합적 디지털 인증과 짧은 학위 혹은 자격의 니즈 증대를 통해 그 범위를 확장하고 있다. 개인 차원에서는 자신의 역량과 학습이력을 통합적으로 관리할 수 있을 뿐만 아니라 이러한 통합 관리를 통해 학습동기가 학습 및 역량 향상의 보상으로도 작용할 수 있다는 장점을 가지고 있다. 조직 차원에서는 임직원의 역량을 통합 관리

■ 디지털 배지의 개념

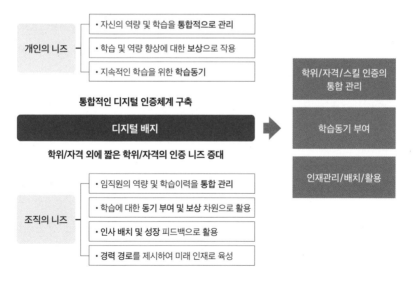

할 수 있고, 구성원들에게는 학습에 대한 보상 및 동기 부여 차원에서 적용할 수 있다는 것이다. 더 나아가 디지털 배지는 인사배치 및 경력 경로 제시 등 다양한 인사관리 분야에도 활용할 수 있다.

요컨대 디지털 배지는 개인과 조직에 충분한 효익을 가져다주고 있다. 학위, 자격, 스킬에 대한 인증의 통합 관리라는 측면, 지속적인 학습동기 부여 측면, 인재관리 및 배치나 활용을 지원해준다는 측면에서도 그 효과를 발휘하고 있다.

디지털 배지의 성장과 발전

전통적인 학위 및 자격 부문이 기술과 결합하여 디지털화^{Digitalization}되면서 디지털 배지 부분이 함께 성장하는 추세이며, 나노디그리 부문이 디지털 배지 개념을 통해 직업교육 분야에까지 점차 확산하고 있다. 미국의 시장조사업체 테크나비오^{TechNavio}의 전망에 의하면 디지털 배지 시장은 2021~25년까지 평균 시장 성장률을 17.6%로 예상하고 있다. 또한 이런 성장으로 2025년까지 2억 달러의 시장 규모에 이를 것이라 예측했다.

그렇다면 디지털 배지는 학습동기 부여에 어떤 역할을 하는 것일까? IBM에서는 2015년부터 임직원들을 대상으로 디지털 배지를 발행했다. 2020년까지 195개국 약 300만 개의 디지털 배지를 발행한 것이다. 2022년에는 27개 분야에서 3,000여 종류의 디지털 배지를 발행 중이며, 이러한 디지털 배지를 통해 다양한 학습증대 효과를 누리고 있다. 우선 학습동기 부여 강화 측면에서 보면 디지털 배지를 적용한 이후 학습자 수가 129% 상승했으며 학습수료율 또한 226% 상향되었다. 또한 지속적인 학습동기 부여 차원에서의 학습참여율이 강화되었다. 배지 취득자의 87%는 앞으로 배지 기반의 학습에 참여하겠다고 말하고 있다. 디지털 배지는 학습동기 부여 차원과 학습 재참여율을 높임으로써 디지털 학습의 약점인 학습동기 부여 강화에 있어 훌륭한 툴로 활용될 수 있음을 보여주고 있다.

월마트는 Better U 프로그램을 통해 임직원의 학위 및 자격 취득을 지원하고 있다. 프로그램 내부에 다양한 학위 및 자격 프로그램들을 입점시키고, 이를 수료할 경우 디지털 배지를 발행해주는 것이다. 이렇게 발행된 디지털 배지는 본인의 학습페이지에서 일목요연하게 확인할 수 있으며, 취득한 배지에 따른 향후 학습경로를 맞춤형으로 제공하여 학습을 통한 지속적 성장을 유도하고 있다.

디지털 배지는 학습자들의 보유 스킬에 대한 통합 계좌라 할 수 있다. 우리가 통합 계좌를 통해 자산을 관리하듯 디지털 배지는 개개인의 보유 스킬에 대한 통합 계좌 역할을 해 나가게 될 것이다. 이런 보유 스킬(학위 및 자격 포함)들의 통합 관리는 채용, 교육, 배치 등에 다양하게 활용될 것이며, 학습자들에게 학습동기를 부여하는 주요한 툴로 그 저변을 확대해 나갈 것이다.

함께하는 학습, 소셜 러닝

소셜 러닝의 의미

경험학습 전문가 문성홍 씨가 쓴 책《경험학습 퍼실리테이션》에는 고대 켈트어에 바탕을 둔 웨일스어인 '더스기^{Dysgu}'란 단어가 나온다. 영어는 'teach'와 'learn' 그리고 우리말의 경우 '가르치다'와 '배우다' 두 단어가 따로 사용되는데, 'Dysgu'란 단어는 한 단어로 두 가지 의미를 표현한다고 한다.

우리는 타인과 함께 가르치고 배우며 성장한다. 타인의 행동을 모방하기도 하고 타인의 행동을 반면교사 삼기도 한다. 인간은 사회적 동물인 까닭에 우리는 함께 살아가며 함께 배우고 성장한다. 교사와 학생의 관계가 고정된 것이 아니기 때문에 어떤 분야에서 우리는 가르치고 또 어느 부분에서 우리는 배우기도 한다.

A는 항상 교사이고 B는 늘 학생이라는 가정은 근대 학교의 일방향식 수업에 활용되었다. 하지만 지금과 같이 지식의 속도와 양이 급증하는 시대에는 이런 방식이 더 이상 유효하지 않게 되었다. 누구나 교사가 될 수 있고 또 누구나 학생이 될 수 있는 교육환경이 그 어느 때보다 중요하게 되었다. 이런 측면에서 소셜 러닝은 그 중요성과 의미를 더해 가고 있다.

디지털 환경에서 학습몰입을 강화하는 소셜 러닝

디지털 환경에서는 오프라인 환경에 비해 소셜 러닝을 실행하기가 어려운 것이 사실이다. 이런 어려움을 극복하기 위해 다양한 장치를 마련하는 것이 중요한데, 이부분에 대해 함께 살펴보고자 한다.

함께 학습하는 커뮤니티를 만들어주는 것이 중요

2016년 스탠포드 대학은 2만 3,577명의 학생들을 대상으로 온라인 학습에 대한 실험을 진행했다. 혼자 온라인 학습을 하는 학생들의 학습 완료율은 2%에 불과했다. 하지만 온라인상에서 팀을 조직해 학습을 진행한 학생들은 21%로 거의 10배 이상의 학습완료율을 기록했다. 마지막으로 온라인상으로 팀 학습과 더불어 코치의 피드백을 진행한

집단은 학습완료율이 무려 44%까지 상승했다.

디지털 환경에서 학습자들은 외롭다. 혼자 있는 환경에서 학습을 진행하다 보니 오프라인에서 일어나는 다양한 상호작용을 누릴 수 없다. 따라서 온라인 학습을 진행할 때는 학습자들을 외롭지 않게 하는 것이 중요하다. 학습자들을 온라인 공간에 모아주고 서로 커뮤니케이션할 수 있도록 돕는 것이 필요하다.

클라썸Classum은 소셜 러닝에 많은 노력을 기울인 대표적인 플랫폼이다. 이 플랫폼은 공지, 질문, 노트, 피드백, 설문 등 소셜 러닝 구현을 위한 다양한 기능을 제공하고 있다. 또한 다른 학습자가 등록한 질문 등에 좋아요 혹은 궁금해요 등을 표기하면서 상호작용할 수도 있다. 최근에는 코드블록, 수식 등을 삽입할 수 있는 기능을 통해 IT 교육에 대한 질문도 원활하게 진행 가능하도록 발전하고 있다.

참여를 유도하는 다양한 활동 필요
온라인상에서 함께 학습하도록 커뮤니티를 만들어준다고 그것이 자연적으로 활성화되지는 않는다. 이런 모임을 활성화할 수 있는 다양한 활동이 필요하다.

제약기업인 A의 경우 그룹 내에 직무중심의 온라인 학습조직 활동을

■ 소셜 러닝의 사례

구성했다. 학습조직을 활성화하기 위해 온라인 학습환경을 구축한 것
이다. 또한 온라인 학습조직 활동에 필요한 강사료를 지원하고 학습
조직 활동에 대한 학점을 인정해줌으로써 구성원들의 자발적인 참여
를 독려했다. 통신서비스 기업인 B사의 경우 사내 지식공유를 활성
화하기 위해서 플랫폼을 활용했다. 〈우리끼리 지식공유〉라는 사내
커뮤니티 플랫폼을 개설하고 직무별 매뉴얼 및 현장 사례 등을 공유
했다. 이에 그치지 않고 자유로운 댓글과 추천 기능으로 활성화를 도
모했다.

플랫폼이나 커뮤니티를 만드는 것만으로 소셜 러닝이 활성화될 것이
라는 생각은 무모하다고 봐야 한다. 결국 소셜 러닝도 사람들끼리 하
는 것이다. 디지털 기술은 이를 도와줄 뿐이다. 따라서 디지털 환경
하에서 사람들 사이의 상호작용을 어떻게 높일 수 있을지에 대한 고

민과 실행은 플랫폼 구축보다 더 어렵고 반드시 필요한 일이라는 점을 기억해야 한다.

일방향의 학습은 지금의 지식의 양과 속도를 감당하기 어렵다. 지식의 양과 속도가 급증하는 시대에는 새로운 배움의 장이 필요하다. 누구나 교사가 되고 누구나 학생이 될 수 있는 소셜 러닝 환경이 지금과 같은 시대에는 꼭 필요한 것이다. 함께 성장하는 플랫폼과 같은 환경을 만들고 이를 활성화하는 것은 교육이 반드시 해 나가야 하는 중요한 과제라는 점을 염두에 두어야 한다.

맞춤형 학습을 지원하는
인공지능

인공지능은 일반적으로 4가지 방식으로 교육에 활용된다. 우선 맞춤형 학습 추천으로 학습자에게 적합한 콘텐츠를 큐레이션하는 것이다. 두 번째는 대시보드다. 데이터를 기반으로 현재의 학습현황이나 학습분석 내용을 그래픽 형식으로 보여주는 것이다. 학습과 성장에 관한 다양한 정보를 한눈에 확인할 수 있도록 해주며 데이터에 따른 피드백도 가미할 수 있다. 세 번째 활용되는 인공지능은 챗봇이다. 챗봇은 주로 맞춤형 학습관리에 활용된다. 맞춤형 학습독려, 맞춤형 심화학습 추천, 맞춤형 복습 콘텐츠 제공 등 다양한 방법으로 활용될 수 있다. 마지막으로 디지털 휴먼이라는 기술을 활용하는 인공지능 아바타 강사. 이는 콘텐츠 제작을 위한 저작도구로 활용된다. 여기에서는 TTV 기술을 활용하는데, 이는 인공지능 아바타에 텍스트를 입력하면 영상이 자동으로 생성되는 기술이다.

인공지능은 교육에 어떠한 역할을 하는가

맞춤형 학습과 인공지능

미국 하버드대학교 교육대학원의 석학 토드 로즈^{Todd Rose}는 자신의 책 《평균의 종말》에서 다음과 같은 사례를 소개하고 있다.

1926년 미국 공군의 항공기 조정석은 조정사들의 신체 사이즈를 기반으로 평균값을 구하고, 그 평균값을 기반으로 가장 조정하기 편하게 설계한 조정석이었다. 1950년에는 이렇게 설계된 조정석이 불편하다는 의견이 늘어나기 시작했다. 심지어는 사고로까지 이어지기도 했다. 이에 미국 공군은 조종석을 개선하기 위해 4,000명의 오하이오주 공군 조종사를 대상으로 전수조사를 하는 등 연구에 착수했다. 4,000명을 대상으로 엄지손가락 길이, 눈귀 간격 등 140여 가지에 해당하는 모든 신체 사이즈를 측정해 평균값을 구하고 이 평균값을 바탕으로 새로운 조종석을 설계해 해당 과제를 마무리하고자 했다. 이러한 결론에 반기를 든 것이 바로 항공의학연구소의 과학자 길버트 S. 대니얼스Gilbert S. Daniels였다. 그의 연구는 이러했다. 공군 조종석과 가장 관련 있는 10가지 요소에 평균값을 구하고, 그 평균값에 표준편차 30%를 적용해서 평균치를 구한다. 그리고 4,000명을 대상으로 이 10가지 평균치에 모두 해당되는 사람이 몇 명이 있는가를 찾는 것이었다. 결과는 단 한 명도 없었다. 이번에는 키, 가슴둘레, 팔 길이 3가지 요소로 다시 평균치를 구해보았더니 4,000명 중 이 평균치에 모두 만족하는 사람은 140명뿐이었다. 대니얼스는 "평균적 조종사를 찾는 것은 불가능하다. 그 이유는 인간의 신체 사이즈는 극도로 다양하기 때문이다"라고 말했다.

토드 로즈는 이 사례를 들며 지금의 근대화 교육이 너무 닮아 있다고 말한다. 평균적인 교육과정을 만들고 저마다 다른 사람을 같은 강의실 안으로 몰아넣고 있는 것이다.

우리는 교육과정을 설계할 때 평균적인 관점을 취해왔다. 강의실 교육을 기반으로 하기 때문에 강의실 내 사람들의 평균 학습역량과 수준에 맞춰 교육을 설계한 것이 사실이다. 이런 방식은 비용 효율성 관점에서 보면 그렇게 할 수밖에 없었던 것이다.

하지만 최근 데이터와 인공지능 기술의 발전은 이런 평균적 관점의 학습설계에서 벗어나 맞춤형 방식의 학습설계를 지원하고 있다. 큐비나 아카데미Qubena Academy는 인공지능 기반의 수학학원이다. 큐비나 아카데미에서는 교사가 가르치지 않을 뿐만 아니라 모든 수학문제를 학생들에게 맞춤형으로 제공한다. 기존 교육이 학생들에게 일정한 속도로 같은 레벨의 학습을 지원했다면, 큐비나의 원리는 세분화된 최적의 레벨로 개인학습을 전개하는 것이다.

큐비나가 쌓은 데이터는 디테일을 자랑한다는 것이 특징이다. 즉 데이터는 해답 데이터만 쌓는 것이 아니다. 손으로 적은 계산 과정에 대한 메모, 해답에 필요한 시간, 힌트를 읽었는지 여부까지 데이터화 한다. 이를 통해 인공지능이 이 문제는 우연히 정답을 맞혔을 뿐 아직 의심스럽다고 판단하면 유사문제가 출제되는 형식이며, 오답이라면 문제가 틀렸다고 넘어가는 것이 아니라 계산과정에서 어느 부분을 어려워하고 어떤 부분에서 실수했는지 분석해준다. 더불어 그에 대한 대책을 마련해주는 형식으로 이루어진다. 인공지능으로 일대일 학습을 최적화하는 것이다.

일본 학습지도 요강에 따르면 중학교 1학년 수학 수업시간은 140시간으로 정해져 있다. 학원에 다니고 숙제하는 시간 60시간을 포함하면 1년에 평균 200시간이 걸리는 셈이다. 하지만 큐비나는 평균 학원시간 24시간, 숙제하는 데는 8시간이 걸린다. 즉 중학교 1학년 수학 수업과정을 32시간만 투자하면 끝낼 수 있다는 것이다.

큐비나 아카데미의 창립자 진노 겐키神野元基는 다음과 같이 말한다. "아이의 공부시간을 단축시키고 인공지능 시대를 살아가는 데 필요한 능력을 배울 시간 만들기가 과제입니다. 그 해결책이 바로 인공지능이었습니다. 인공지능이 개인별 최적의 문제를 담은 교재를 개발하여 학교수업에 비해 7배 높은 학습효율을 실현해냈습니다. 중학교 1학년 수학은 평균 32시간만 투자하면 학습이 가능합니다."

큐비나 아카데미의 시스템은 어찌 보면 교사가 필요하지 않을 수도 있다. 하지만 반드시 교사를 두고 있다. 교사의 역할은 인공지능이 하지 못하는 영역을 담당한다. 기억하고 이해시키는 하위의 학습목표를 인공지능이 담당한다면, 적용하고 분서하고 평가하고 창조하는 상위영역의 학습목표는 교사가 담당한다. 또한 교사는 학습가이드를 주거나 공감하고 칭찬하는 역할을 한다. 교사의 행정과 강의영역을 인공지능으로 자동화하고 교사들로 하여금 그 상위영역에 집중하도록 하는 시스템이다. 인공지능 기반의 수학학원이지만 자세히 살펴보면 사람과 인공지능이 가장 잘 결합된 교육방식이라 할 수 있다.

교육에서의 인공지능의 활용

인공지능은 교육에서 가장 효과적이라고 하는 일대일 맞춤형 학습을 구현하는 역할을 한다. 이를 통해 학습효과와 효율성을 극대화하는 데 강력한 툴로 작용한다. 이러한 인공지능은 일반적으로 4가지 방식으로 활용된다.

우선 맞춤형 학습 추천으로 학습자에게 적합한 콘텐츠를 큐레이션하는 것이다. 예를 들어 마케팅 2년차 과장에게 그동안의 데이터를 기반으로 〈마케팅 전략 수립〉 콘텐츠를 추천하는 방식으로 실행된다.

두 번째는 대시보드다. 데이터를 기반으로 현재의 학습현황이나 학습분석 내용을 그래픽 형식으로 보여주는 것이다. 학습과 성장에 관련된 다양한 정보를 한눈에 볼 수 있도록 해주며 데이터에 따른 피드백

■ 인공지능의 교육적 활용

도 가미할 수 있다.

세 번째 활용되는 인공지능은 챗봇이다. 챗봇은 주로 맞춤형 학습관리에 활용된다. 맞춤형 학습독려, 맞춤형 심화학습 추천, 맞춤형 복습 콘텐츠 제공 등 다양한 방법으로 활용될 수 있다. 예를 들어 맞춤형 학습독려의 경우 학습자의 학습패턴을 분석해 '수료율이 33% 예상되며 남은 기간 동안 매일 1시간씩의 학습이 추천된다'고 채팅을 통해 독려하는 방식으로 활용된다.

마지막으로 디지털 휴먼이라는 기술을 활용하는 인공지능 아바타 강사다. 이는 콘텐츠 제작을 위한 저작도구로 활용된다. 여기에서는 TTV^{Text To Video} 기술을 활용하는데, 이는 인공지능 아바타를 만들어 놓고 텍스트를 입력하면 영상이 자동으로 생성되는 기술이다. 인공지능 기술을 활용해 강의 영상을 손쉽게 제작하는 데 활용된다.

인공지능 기반의 교육 팁

데이터 확보가 최우선

인공지능 기술을 활용한 맞춤형 학습설계는 데이터 확보-데이터 분석-데이터 활용이라는 프로세스를 거친다. 인공지능 기술을 활용한 교육에서 우선적으로 중요한 것은 데이터를 어떻게 확보할 것인가이다. 이는 가능한 학습과 관련된 정보를 많이 수집하는 것이다. 충분한 데이터를 확보하려면 빅데이터의 3가지 요소인 3V를 충족한 영역에서 인공지능 기반의 교육을 시도해보는 것이 좋다.

- Volume : 학습데이터의 양
- Velocity : 학습데이터가 쌓이는 속도
- Variety : 학습데이터의 다양성

위의 3가지 요소가 충족되었을 때 학습은 인공지능과 잘 결합될 수 있다. 예를 들어 수학문제 풀이 플랫폼이 있다고 했을 때, 여기에 기본적으로 많은 양의 문제와 학습자가 존재할 경우 학습데이터의 양을 충족하는 것이다. 또한 학습자들의 데이터가 문제를 푸는 순간 실시간으로 쌓이고 그 빈도 또한 충분하다면 학습데이터가 쌓이는 속도를 충족시켰다고도 할 수 있다. 학습데이터가 다양한 분야의 문제와 다양한 계층의 학습자들을 포함한다면 학습데이터의 다양성도 확보했다고 볼 수 있다.

이렇게 학습데이터가 충분히 쌓이면 학습데이터 분석단계로 들어간다. 'A문제 정답자들의 학습경로 패턴', 'B문제를 틀린 사람들의 평균 문제풀이 시간' 등 다양한 관점에서 분석해 최적의 학습경로와 맞춤형 추천경로를 찾아내는 형식이다. 이런 분석이 진행되면서 데이터를 활용하는 단계로 들어가는데, 대시보드로 보여준다든지 큐레이션을 한다든지 또는 맞춤형 피드백 내용을 완성해 나가는 단계이다.

일대일 맞춤형 학습에 필요한 것

일대일 맞춤형 학습은 가장 효과적인 방법이라는 것을 기억해야 한다. 인공지능과 교육 결합의 첫 번째 이유는 바로 개인화된 학습경험을 제공하기 위함이다. 충분한 학습데이터가 축적되지 않았기 때문에 개인화된 학습경험 제공을 마냥 미루는 것은 바람직하지 않다. 비용 및 다양한 이유로 인공지능을 충분히 활용할 수 없더라도, 개인화된 학습경험을 제공할 수 있는 방법에는 여러 가지가 있을 수 있다. 이런 방법을 우선 적용하면서 인공지능 기반의 맞춤형 학습을 준비하는 것이 필요하다.

- 타깃팅 : 학습을 제공할 때 교육대상자들을 최대한 그 교육에 적합한 사람으로 구성하는 방법이다. 예를 들어 디지털 마케팅 교육을 제공한다고 하면 사전 학습 정도, 개인의 학습능력, 학습동기에 따라 적절한 교육대상을 선정하고 이에 따른 난이도와 콘텐츠를 조절하는 방식이다.
- 자발적인 학습신청 : 일방적으로 한 가지 과정을 개인에게 제공하는 것이 아니라 선택 가능한 다양한 프로그램을 제공하는 방식도 개인화된 학습경험을 제공하는 방식이다. 학습자에게 여러 가지 학습선택지를 제공함으로써 그들에게 맞는 학습프로그램을 선택하게 하는 방법이다.

- 맞춤형 커리큘럼 제공 : 사전 시험이나 진단을 통해 모르고 있는 부분이나 꼭 필요한 부분을 학습하게 하는 방식이다. 사전 진단과 시험을 적절하게 구성하고 사전 시험에 따라 학습자의 현 위치를 파악하여 이에 적절한 학습과정을 제공하는 형식이다.

교사의 역할 업그레이드

큐비나 아카데미 사례처럼 인공지능은 교사를 대체하는 것이 아니라 교사의 반복적 역할을 자동화하여 그들의 역할을 더 중요한 영역으로 업그레이드하는 것이다. 큐비나 아카데미에서 교사들은 다음과 같은 실천 강령을 실천하고 있다.

- 목표를 명확하게 제시해준다.
- 목표달성 방법을 명확히 해준다.
- 학습에 방해가 되는 것은 제거한다.
- 학습은 자주성에 맡긴다.
- 1회 수업에 2회 정도 소통한다.

큐비나 아카데미는 학원을 운영함에 있어 인공지능이 더 잘하는 부분은 인공지능이 하도록 하고, 교사들의 역할은 철저히 사람이 할 수 있는 상담과 공감, 코칭에 특화되어 있다.

인공지능은 교육에 날개를 달아준다는 의미로 해석하는 것이 좋다. 앞으로의 시대를 인공지능과 사람이 공존하는 시대라 말한다. 교육도 마찬가지다. 교육자와 인공지능이 공존하는 교육으로 만들어야 하는 것이다. 학습설계 시 인공지능과 교육자의 역할을 각자의 장점에 맞게 배분하여 교육을 만들어 가는 것이 중요하다.

맞춤형 학습을 지원하는 큐레이션과 대시보드

맞춤형 학습추천, 큐레이션

큐레이션은 빅데이터 및 인공지능을 활용한 교육방법 중 대표적인 방법일 뿐만 아니라 가장 많이 활용하는 방식이기도 하다. 큐레이션이란 빅데이터와 인공지능 기술을 활용해 개인별 맞춤형 학습추천을 해주는 것을 의미한다.

이는 일반적으로 3가지 방식으로 활용되는데, 첫 번째가 개인이 학습한 경험을 바탕으로 추천하는 방법이다. 학습자가 그동안 어떤 콘텐츠를 봐왔는지 누적된 데이터를 분석하여 이를 기반으로 다음 콘텐츠를 추천하는 방식이다.

두 번째는 개인의 관심분야 태그를 기반으로 콘텐츠를 추천하는 방식이다. 콘텐츠를 추천하기 전에 개개인의 관심사에 따른 키워드를 설정해 두면 이 키워드에 맞는 콘텐츠를 추천해주는 것이다.

마지막으로 학습자와 비슷한 유형의 학습자들이 어떤 콘텐츠를 경험했는지에 따른 데이터를 기반으로 추천하는 방식이다. 학습자와 유사한 직급, 나이, 성별, 부서 사람들이 가장 많이 보거나 추천하는 콘텐츠를 학습자에게 제시해주는 것이다.

■ 학습큐레이션의 예

학습경험 기반 맞춤 콘텐츠 추천

- 개인별 학습패턴을 분석한 빅데이터 기반의 큐레이션
- 모든 과정의 개요를 분석한 과정간 유사도 기반 추천

#AI추천 홍길동 님의 학습패턴을 인공지능(딥러닝)이 분석해서 추천해드려요.

혼자만의 시간을 가져라 세잔 　　 한국 밀레니얼 세대의 9가지 특징 　　 한옥의 진화

개인의 관심분야 태그 기반 콘텐츠 추천

- 개인별 태그 설정

#관심분야추천 직무수행에 도움이 되는 관심분야 콘텐츠를 추천해드려요.

초연결로 레벨업 하라 　　 밀레니얼 세대는 왜 사표를 쓰는가? 　　 예술가들의 회복탄력성

동일 직급 동료 분석 추천

- 동일 직급의 학습패턴을 분석하여 과정 추천
- 가장 많이 수강한 콘텐츠를 우선으로 추천

#직급과정추천 직급별 가장 많이 수강하신 콘텐츠를 추천해드려요.

소비트렌드의 변화를 읽다 　　 4차산업혁명 시대의 미래기술25 브리핑 　　 예술 경영을 만나다

■ 큐레이션 사례

H그룹 임직원 1만 2,000명 중 7,714명이 큐레이션 설정 후 과정 추천 구독

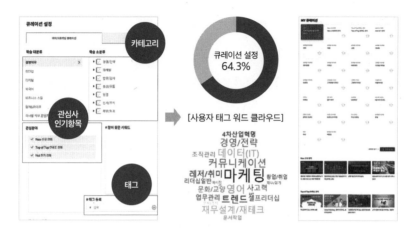

H그룹은 개개인의 키워드 태깅을 기반으로 콘텐츠 큐레이션을 실시하고 있다. 학습자들이 관심분야에 대한 카테고리와 항목을 설정하고, 이외의 태그도 생성해서 본인만의 학습사이트를 구성할 수 있다. H그룹에서는 이런 큐레이션을 통해 1만 2,000명 중 7,714명이 키워드 태그 설정 후 과정을 추천받아 구독하고 있다.

콘텐츠 큐레이션 외에 커리큘럼을 큐레이션하는 방법도 있다. A병원은 신입사원 온보딩 프로그램에 대한 문제를 가지고 있었다. 이 병원은 간호직 신입사원을 대상으로 적용 프로그램을 기획하고 있는 중이었다. 1년 안에 병원을 떠나는 간호직원이 17.5%에 달했고, 한 명

의 간호직원을 대체하는 비용이 3만 8,000달러에서 5만 9,000달러까지 필요했다. 이런 비용을 절감하기 위해서는 온보딩 프로그램을 어떻게 실행하느냐 하는 것이 중요한 부분이었다. 그동안은 신입 간호직원을 모아 동일한 이러닝 또는 집합교육을 수강하게 하는 것이 방법의 전부였다. 하지만 학습자들을 들여다보면 다양한 학습배경을 가지고 있을 뿐만 아니라, 본인이 회사에 대해 생각하는 부분도 모두 달랐다. 이에 맞춤형 온라인 학습을 시도해보기로 결정하고, 개인별 평가 및 진단정보를 모아 개개인이 어떤 커리큘럼에서 강점과 약점을 가지고 있는지를 분석했다. 이를 통해 자신이 약한 부분부터 순차적으로 학습하게 하고, 이런 부분을 채워 나가면서 자신감과 부족한 학습을 보완할 수 있도록 했다. 이런 개인화된 학습은 학습자들의 교육만족도를 향상시켰으며 온보딩 프로그램은 A병원에 성공적으로 정착할 수 있었다.

A병원은 똑같은 커리큘럼을 모두가 동일하게 수강하는 것이 아니라, 같은 커리큘럼 내에서도 자신이 약한 부분을 먼저 학습하고 강한 부분은 선택적으로 수강할 수 있도록 함으로써 최대한 개개인에게 적합한 학습을 진행하도록 설계한 사례라 할 수 있다.

큐레이션의 정확성을 높이기 위해서는 정보의 양이 중요하다. 큐레이션에 필요한 데이터는 크게 2가지인데 학습자의 정보와 콘텐츠의 정

■ 큐레이션의 정확성

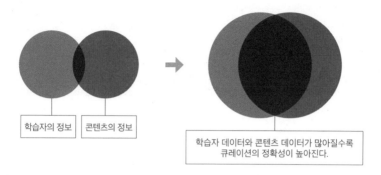

큐레이션의 정확성은 학습자와 콘텐츠 데이터가 양적 및 질적으로 확대될수록 높아짐

학습자의 정보　콘텐츠의 정보

학습자 데이터와 콘텐츠 데이터가 많아질수록
큐레이션의 정확성이 높아진다.

보이다. 이 2가지 정보의 질과 양이 좋을수록 큐레이션의 정확성도 높아진다. 따라서 큐레이션을 설계할 때는 학습자의 정보를 어떻게 하면 더 많이 모으고 콘텐츠 정보를 어떻게 더 많이 수집할 것인가를 반드시 고려해야 한다.

입체적인 학습분석, 대시보드

학습데이터의 활용에서 가장 많이 사용되는 부분 중 하나가 대시보드다. 학습과 관련 내용을 학습자 또는 관리자에게 입체적으로 보여줌으로써 보다 효과적인 학습 및 학습지원을 이끌어낼 수 있다.

다음의 그림은 학습관리자의 대시보드 사례를 보여주고 있다. 비행기

■ 대시보드의 예

이번 달 진행중인 교육인원 및 예상비용 요약

현재 학습중인 임직원의 진도 현황

직급, 직무, 직책, 부서별 교육진행 현황 확인

임직원이 많이 듣는 분류와 과정 표시

교육신청, 신청인원, 신청금액, 수료 등 정보의 월별 그래프

연수원 이용자의 교육시간 및 접속시간 확인

조종사는 비행기를 조종하는 데 필요한 수많은 계기판을 확인한다. 학습관리자 또한 누구보다 중요한 역할을 담당한다. 학습자들의 성장을 지원하고 돕는 역할을 하기 때문이다. 하지만 학습관리자는 그동안 비행기 조종사와 같은 다양한 데이터를 보기가 어려웠다. 대시보드는 학습관리자에게 비행기 계기판과 같은 역할을 한다. 학습을 계획하고 실행하면서 꼭 필요한 정보를 일목요연하게 확인할 수 있다. 또한 이를 통해 보다 효과적이고 고차원적인 학습을 설계하고 실행할 수 있다. 예를 들어 학습관리자들은 실시간으로 '이번 달 교육인원 및 예상비용', '직급, 직무, 직책, 부서별 교육진행 현황', '임직원이 많이 듣는 분류와 과정', '누적 교육인원, 신청인원, 수료인원', '학습자의 교육시간 및 접속시간' 등 다양한 정보를 실시간으로 모니터링하며 이를 교육에 반영할 수 있다.

대시보드는 학습관리자용과 학습자용이 일반적으로 활용되는데, 학습자용의 경우 본인의 학습현황 및 역량 수준과 같은 개인화된 정보를 확인할 수 있도록 한다. 또한 이런 데이터를 기반으로 향후 학습경로에 대한 추천 또는 학습패턴에 대한 피드백 등 개인의 학습에 도움이 되는 내용을 대시보드를 통해 지원받을 수 있다.

챗봇과 인공지능
아바타 강사의 활용

학습을 보조하고 촉진하는 챗봇

세계 최고의 세일즈 플랫폼 회사인 세일즈포스Salesforce의 인공지능 프로젝트 책임자인 마르코 카살라이나Marco Casalaina는 "챗봇은 코로나19 이후 사용량이 2배로 증가했다"라고 설명한다. 코로나19 이후 온라인 교육과 재택근무가 증가한 환경에서 고객문의는 크게 늘고, 이런 문의를 해결하는 솔루션으로 챗봇이 각광받고 있음을 설명한 것이다.

고객응대 중심으로 챗봇의 활용은 크게 증가하고 있는데, 챗봇의 활용은 고객응대 외에도 다양한 분야로 확장되고 있다. 패러독스Paradox사의 올리비아Olivia는 채용 서비스 전문 챗봇이다. 구직자의 채용 응대, 채용 공고 안내, 인터뷰 일정 예약, 후보자 역량 진단 등 채용 전반에 필요한 정보와 절차들을 채용 후 보자에게 제공하는 챗봇이다. 맥도날드는 채용 프로세스에 해당 서비스를 활용해 채용업무의 60%를 절감했다고 한다. 채용업무에 활용되는 챗봇은 인사담당자의 업무를 획기적으로 줄여줄 뿐만 아니라 채용 후보자의 응대를 24시간 실시간으로 할 수 있어 고객의 긍정적 경험을 증대시키는 장점을 가지고 있다. 또한 채용 후보자에게 인공지능 기반의 맞춤형 서비스를 제공함으로써 응대의 품질을 향상시키고 있다.

■ 패러독스의 챗봇 서비스

출처 Paradox.ai

교육에서도 챗봇은 학습을 돕는 좋은 툴로 활용되고 있다. 챗봇은 크게 다음과 같은 5가지 방법으로 활용할 수 있는데, 여기에서는 이부분에 대해 살펴보도록 하자.

우선은 인공지능 학습비서로서의 역할이다. 교육과정 운영 담당자와 같이 학습자에게 학습과 관련된 사항을 자세히 알려주고 응대해주는 역할이다. 학습자에게 과정을 추천해주고, 학습일정 및 방법을 알려줄 뿐만 아니라 학습현황과 복습 안내 등 학습 전반에 대해 알려주고 응대하는 역할을 의미한다.

두 번째로는 맞춤형 학습독려의 역할이다. 학습자의 진도율이나 과제 제출 여부에 따라 맞춤형으로 학습을 독려하는 역할이다. "진도율이 23%입니다. 평균 학습자 58%에 비해 낮습니다. 학습을 서둘러 진행해주세요", "과제 제출 마감일이 7일 남았습니다. 과제는 학습수료에 필수 사항이니 반드시 제출해주세요" 등과 같은 메시지를 통해 학습진행을 촉진시킨다.

세 번째는 실시간 Q&A의 역할이다. 학습을 진행하다 보면 내용적으로 궁금한 사안들이 생기기 마련이다. 이런 질문들에 대해 실시간으로 답변해주는 것이다. 예를 들어 학습자가 "가격을 책정하는 전략이 궁금합니다"라고 질문하면, 기존에 구축된 데이터베이스를 통해 "가격을 책정하는 전략에는 원가 기반 가격 책정, 가치 기반 가격 책정, 경쟁 기반 가격 책정 등이 있습니다. (이하 생략)"라는 식으로 학습자가 궁금해하는 부분에 대해 실시간으로 응답해주는 것이다.

네 번째는 실시간 검색 지원 및 심화학습에 대한 지원 부분이다. 학습자가 학습 및 복습을 진행하면서 모르는 용어에 대해 검색할 때 검색 내용에 대해 상세하게 설명해주는 것이 실시간 검색 지원의 역할이다. 또한 학습자가 보다 깊은 심화학습을 원할 때 이에 대한 자세한 내용을 알려주는 역할도 챗봇으로 가능하다.

■ 챗봇의 활용

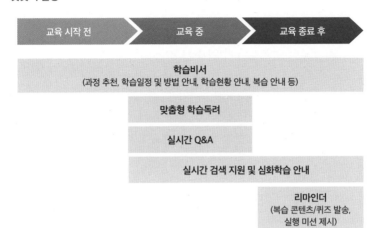

다섯 번째는 리마인더^{reminder} 기능이다. 우리가 학습하는 이유는 학습만으로 끝나지 않고 배운 내용을 실행하기 위함일 것이다. 학습이 실행으로 이어지기 위해서는 학습한 내용을 기억하고, 기억한 내용을 실행해야 한다. 챗봇의 리마인더 역할은 학습한 내용을 기억하고 실행하는 것을 지원한다. 이는 워크플로우 러닝과 매우 밀접한 관계를 갖는다. 예를 들어 목표설정 방법을 본 학습에서 배웠다면, 챗봇에서는 주기적으로 학습내용 요약본을 보내주거나 퀴즈를 발송해 내용을 지속적으로 기억하게 할 수 있다. 또한 "다음달 개인 목표를 설정해보세요"라는 식으로 미션을 제시하여 기억한 내용을 직접 실행에 옮기도록 유도할 수 있다.

디지털 휴먼을 활용하는 인공지능 아바타 강사

디지털 휴먼이란 디지털 세상에서 만들어낸 가상의 인간을 의미한다. 디지털 휴먼에는 크게 2가지 기술이 적용되는데, 우선 텍스트로 입력된 문장을 음성으로 변환하여 인공지능 기반으로 자연스러운 음성을 생성해 내는 것이다. 그리고 이렇게 생성된 음성을 인공지능 기반의 얼굴이나 제스처에 적용시켜 사람이 자연스럽게 말하고 행동하는 모습을 만들어 낸다. 디지털 휴먼을 만들어 내는 기술을 TTV라 하는데, 텍스트를 입력하면 자연스럽게 영상을 만들어 내는 기술이다.

디지털 휴먼기술은 교육에 있어서 인공지능 아바타 강사로 활용된다. 일반적으로 영상 콘텐츠를 제작할 때 스튜디오 섭외, 강사 섭외, 촬영, 편집에 이르는 복잡한 과정을 거치는데, 인공지능 아바타 강사를 활용할 때에는 간단히 텍스트만 입력하면 영상 콘텐츠를 만들어낼 수 있다. 평균 1개월 소요되는 교육콘텐츠 개발 과정을 단 2~3일로 단축

■ 인공지능 아바타 강사 솔루션

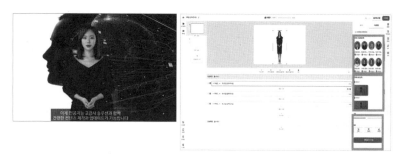

할 수 있다는 것이 장점이다. 시간이 단축되는 만큼 비용도 절감된다. 스튜디오 임대료, 촬영비 등을 절감할 수 있어 기존 콘텐츠 개발비에 비해 절반 정도로 줄일 수 있다. 또한 법령이나 제도의 변경으로 콘텐츠 내용을 자주 업데이트 해야 하는 경우 일부분을 손쉽게 수정할 수 있기 때문에 인공지능 아바타 강사를 효과적으로 활용할 수 있다.

하지만 모든 프로그램에서 인공지능 아바타 강사가 효과적으로 적용될 수 있는 것은 아니다. 강사의 신뢰와 인간적인 자연스러움이 있는 콘텐츠를 선호하는 경향이 많아서 전 분야로 확산되는 데는 기술적인 부분과 학습자 수용성에 아직 한계가 있다.

일반적으로 동영상 매뉴얼, 상품교육, 콘텐츠 업데이트가 자주 필요한 프로그램에 많이 활용되고 있으며, 시간이나 예산에 한계가 있는 콘텐츠 개발에도 종종 활용된다.

5

학습효과 극대화를 위한
메타버스의 활용

메타버스는 교육의 효과를 높이고 상호작용을 활성화하며, 접근성을 향상시키는 데 많이 쓰인다. 대표적으로 3가지 메타버스 관련 기술이 교육에 활용되는데, 우선 VR의 활용이다. VR은 재난예방교육이나 전문직무교육에 많이 쓰인다. 무엇보다 VR은 학습효과가 뛰어난 특성을 지니고 있다. 학습몰입과 기억을 증대시키는 각인효과를 지니고 있기 때문이다. AR은 워크플로우 내에서 업무효율성을 증강시키는 데 주로 활용된다. 즉 현업에서의 성과를 돕고 증진시키는 역할로 자리 잡고 있다. 마지막으로 많이 활용하는 메타버스 기술은 메타버스 플랫폼이다. 게더타운이나 제페토가 대표적인 예라 할 수 있다. 메타버스 플랫폼은 재미와 몰입 요소를 포함하고 있다는 측면에서 교육적 활용에 장점이 있다.

메타버스의 교육적 활용 1
VR(가상현실)

메타버스는 교육에 어떻게 활용되는가

메타버스를 자신들의 미래로 보고 있는 IT 기업 메타(구 페이스북)는 메타버스를 다음과 같이 정의하고 있다.

메타버스는 같은 물리적 공간에 있지 않은 다른 사람들과 함께 창조하고 탐험할 수 있는 가상공간의 집합체다.

로블록스, 제페토, 게더타운 등 메타버스 서비스들의 성공은 메타버스란 새로운 세계가 우리 일상 속에 빠르게 자리 잡을 수 있도록 만들었다. 그렇다면 메타버스 기술는 교육에 어떻게 활용될까? 메타버스에서는 대표적으로 3가지 기술이 교육에 활용된다고 볼 수 있다.

■ 메타버스의 교육적 활용

VR	• 재난/전문직무 교육 • 소프트 스킬(협상, CS, 코칭 등) • 온보딩 교육(회사 체험 및 오리엔테이션 등) ➡ 학습몰입감, 각인효과, 비용절감 효과
AR	• 퍼포먼스 서포트로 활용 ➡ 워크플로우와 결합, 성과지원 역할
메타버스 플랫폼	• 온보딩, 팀빌딩, 행사, 교육장공간구현 등에 활용 ➡ 상호작용 활성화, 몰입/재미

우선 VR(가상현실)의 활용이다. VR은 재난예방교육이나 전문직무교육에 많이 쓰인다. 특히 의료 및 항공분야에서는 선도적으로 VR 교육을 도입하는 경우가 많다. 의료와 항공의 경우 고가 기계를 다루기 때문에 이런 기계를 다룰 수 있도록 하는 교육에 VR을 활용하는 사례가 많다. 고가의 기계로 훈련하기에는 기기파손 위험이나 기계의 활용성 측면에서도 VR이 효과적이기 때문이다.

미국 밴더빌트대학교에서는 초음파 의료기기 훈련에 VR을 활용하고 있으며 이로 인해 큰 효과를 보고 있다. 최근에는 재난예방이나 전문직무 외에 고객서비스, 리더십과 같은 소프트 스킬 훈련에도 VR 활용이 증가하고 있으며 신입사원 교육에도 그 활용이 증대되고 있다. VR은 무엇보다 학습효과가 뛰어난 특성을 지니고 있다. 학습몰입과 기억을 증대시키는 각인효과를 지니고 있기 때문이다.

AR은 워크플로우 내에서 업무효율성을 증강시키는 데 주로 활용된다. 즉 현업에서의 성과를 돕고 증진시키는 역할로 자리 잡고 있다. 예를 들어 보잉사의 경우 항공정비사들에게 스마트 안경을 지급한다. 이를 쓰고 항공기를 바라보면 항공기의 배선도면이 AR로 나타나 손쉽게 도면과 현실을 비교하며 정비할 수 있다. 보잉은 AR 기반의 스마트 안경 도입을 통해 무려 25%의 업무시간을 절감할 수 있었다.

마지막으로 많이 활용하는 메타버스 기술은 메타버스 플랫폼이다. 게더타운이나 제페토가 대표적인 예라 할 수 있다. 메타버스 플랫폼은 크게 3가지 교육영역에서 그 효과를 발휘하고 있는데, 신입사원 교육이나 사내행사, 팀워크 활성화와 같은 팀빌딩 교육에 주로 활용된다. 메타버스 플랫폼은 재미와 몰입요소를 포함하고 있다는 측면에서 교육적 활용에 장점을 가지고 있다.

지금까지 메타버스 기술 중 대표적으로 활용되는 VR, AR, 메타버스 플랫폼에 대해 간략하게나마 살펴보았다. 그런데 이러한 기술을 활용할 때 유의해야 할 점이 있다. 혹시 '전화수학'이란 말을 들어본 적 있는가? '전화로 배우는 수학'이라는 말은 아마 들어본 적이 없을 것이다. 대신 '전화영어'는 들어보거나 활용해본 적이 있을 것이다. 이는 전화라는 기술이 수학교육보다는 어학교육에 적합하다는 것이다. 메타버스 기술도 마찬가지다. 메타버스도 기술이라는 점을 반드시 알고 있어야 한다. 에듀테크는 에듀가 먼저 자리 잡는다. 즉 교육이 가장 우선이라는 점이다. 우리가 메타버스 기술을 활용할 때 기술에 매몰되는 경우가 종종 발생한다. 'VR로 어떻게 교육하지?' 'AR을 어떻게 교육에 활용하지?' 등 교육보다 기술이 먼저인 경우가 더러 있다. 하지만 이런 경우 대부분은 실패한다. 왜냐하면 에듀테크의 궁극적인 목적이 바로 교육이기 때문이다. 따라서 우리가 메타버스 기술을 적용할 때 교육을 최우선에 두고 이에 필요한 기술을 적용하는 방식으로 생각하고 발전시켜야 한다. 그렇게 접근할 때 메타버스 기술의 효과를 극대화할 수 있는 것이다.

몰입과 각인을 가져오는 VR 교육

VR 기술을 적용한 교육이 주목받는 이유는 학습의 몰입감을 높여준다는 측면이다. 메타버스 교육 전문기관인 이온 리얼리티Eon Reality의 CTO 닐스 앤더슨Nils Anderson은 자체 연구 결과 전통적인 교육보다 시뮬레이션 기반의 VR 교육이 일반 교육보다 2.7배 효과적이며, 학생들을 대상으로 한 연구에서도 3D 기반 상호작용 교육의 집중력이 기존 교육보다 100% 이상 향상되었다고 밝혔다.

VR은 크게 3가지 교육분야에 주로 활용되는데, 다음의 사례를 통해 어떻게 활용되는지 구체적으로 살펴보도록 하자.

■ 허니그로우의 VR 교육 사례

허니그로우의 VR 온보딩 교육프로그램 사용 모습(좌)과 실제 프로그램 구현 모습(우)
출처 https://www.arlnow.com/2017/07/27/honeygrow-using-virtual-reality-to-train-employees/

신입사원 교육

허니그로우Honeygrow는 미국 필라델피아에 본사를 두고 있는 샐러드 레스토랑이다. 이곳은 입사 첫 날 신입사원들을 대상으로 VR을 활용한 실습교육을 진행한다. 레스토랑을 돌아다니면서 매장 내 수많은 직원들이 각각 어떤 역할을 수행하고 있는지 확인하고 조직의 협업구조에 대한 설명을 들으면서 자신의 역할에 대해서도 인지하게 된다. 예를 들어 누가 샐러드를 만들고 이때 면은 어떻게 삶는지, 동시에 포장은 어떤 방식으로 진행되며 계산은 어떻게 이루어지는지, 냉장고에는 어떤 것을 어떻게 넣어야 하며 다른 식재료 보관은 어떻게 하는지 등을 VR을 통해 보고 실습한다. 허니그로우는 실무 직원들의 업무시간을 효율적으로 관리할 수 있게 하면서도 신입사원들의 교육에 대한 만족도를 높이고 있다.

소프트 스킬 교육

패스트푸드 회사 칙필레Chick-Fil-A는 고객응대 직원들을 대상으로 고객과의 사이에서 어려운 상황에 직면했을 때 어떻게 대응해야 하는지에 대한 방안을 교육해야 했다. 학습에 대한 몰입과 반복적인 훈련을 위해 VR 러닝을 통해 직원들이 고객과의 어려운 상황에 직면했을 때 실제 상황을 체험할 수 있도록 했다. VR을 통한 반복적인 교육으로 고객응대 직원들은 고객과의 사이에서 어려운 상황에 직면했을 때 자신감과 평정심을 갖게 되었다.

전문직무교육/재난대응훈련

글로벌 시뮬레이션 전문 교육회사 스킬리틱스Skilitics는 VR을 활용해 항공 승무원 팀워크 향상 프로그램을 만들었다. 이는 소셜 VR 기반으로 구성되어 있는데, 일반적인 VR 환경이 한 명씩 헤드셋을 착용하고 체험하는 것이라면 소셜 VR은 여러 명이 동시에 가상공간에서 체험하고 협업할 수 있는 기술이다. 항공기 내에서 동시에 8명이 VR 헤드셋을 착용하고 가상의 공간에 참여한다. 가상공간에서 실제 승무원 역할을 하며 팀플레이를 수행하는 것으로, 개인미션이 주어지면 개인이 처리하고, 팀미션이 주어지면 협업해서 과제를 수행해 나가는 방식이다. 소셜 VR의 활용은 팀워크 향상 훈련과 협업능력 훈련 등 다양한 분야로 확장이 가능하다. 집이나 회사, 연수원 등에서도 접속이 가능하므로 공간적 제약을 극복할 수 있을 뿐만 아니라, 가상공간에서 함께하는 프로그램으로 그 몰입감 또한 극대화시킬 수 있다. 또 한 가지 큰 장점은 모든 활동들이 디지털 환경에서 이루어지기 때문에 데이터가 남는다는 것이다. 팀워크 훈련종료 후 개인 또는 팀의 어느 부분이 잘되고 잘못되었는지를 데이터 기반으로 분석하고 피드백 받을 수 있다는 점이다. 입체적인 데이터 기반의 피드백은 개인과 팀에 큰 도움이 되며 지속적으로 역량을 향상시켜 나가는 데도 다각적인 지표로 활용할 수 있다.

메타버스의 교육적 활용 2
AR(증강현실) & 메타버스 플랫폼

업무를 도와주는 똑똑한 AR

교육 측면에서 봤을 때 AR과 VR의 주목할만한 차이점은 '어떤 것을 기반으로 몰입감을 높이는가'이다. VR은 가상현실을 기반으로 몰입감을 높이는 기술을 의미하지만 AR(증강현실)은 현실세계를 기반으로 가상의 요소를 접목하여 몰입감을 높인다. 즉 현실세계가 가상세계와 공존하는 것이 AR의 주요 특징인 것이다.

AR은 VR에 비해 교육에 활용하기에 좋은 3가지 장점을 가지고 있다. 우선 VR은 오랜 시간 사용 시 멀미현상이 나타나게 된다. 하지만 AR은 현실세계를 기반으로 학습하기 때문에 VR 사용 시 나타날 수 있는 멀미현상을 방지할 수 있다는 장점이 있다. 두 번째는 고가의 HMD

장비가 필요 없다는 것이다. VR의 경우 카드보드 같은 간이형 VR 툴이 있지만 실제 몰입형 학습을 제공해 학습자가 가상환경과 상호작용을 하기 위해서는 고가의 HMD 장비가 필요하다. 이는 VR을 도입하고자 하는 많은 기업에 장애물로 여겨져 왔다. 하지만 AR은 기본적으로 스마트폰이나 스마트패드에 내장된 카메라로 현실세계의 특정 이미지, 태그 등을 추적해 가상정보를 현실에 덧입혀 제공하기 때문에 고가의 장비 구입이 필요 없다. 세 번째는 일하는 현장과 학습을 결합할 수 있는 최적의 도구라는 점이다. VR이 몰입도 높은 학습을 제공할 수 있지만 근본적으로 가상현실에서의 학습이란 한계를 벗어날 수는 없다. 하지만 AR은 실제 근무하는 환경에 학습정보를 투영할 수 있다는 장점을 가지고 있다.

물류서비스 회사 DHL의 자체 보고서에 따르면 포장, 보관 및 창고운영은 전체 물류 비용의 약 20%를 차지하고, 재고상품을 거래처 주문

■ DHL의 AR 기반 업무지원 사례

출처 https://jasoren.com/augmented-reality-in-the-logistics-business/

별로 모아 출하하는 과정인 오더 피킹^{Order Picking} 작업은 전체 창고작업의 약 60%를 차지한다. 이에 DHL은 AR을 사용하여 오더 피킹 프로세스를 새롭게 구성했다. 직원들에게 AR 기반 스마트 안경을 제공하고 AR을 통해 화물의 배송시간, 배송위치, 배송 시 유의사항들에 대한 정보를 보여줌으로써 작업을 쉽게 하고 오류 비율도 최소화할 수 있게 되었다. 이러한 AR 스마트 기기는 직원들에게 오더 피킹 목록을 제공하고 최적의 경로를 보여줌으로써 즉각적이고 정확한 경로계획으로 이동시간을 단축해주었다. AR 기반의 물류작업은 작업의 효율성을 25% 증가시키는 결과를 가져왔으며, 직원교육 및 온보딩에 필요한 시간을 50% 절감할 수 있었다.

학습에 재미와 몰입을 더하는 메타버스 플랫폼

코로나19 이후 대면 커뮤니케이션과 상호작용은 급격히 감소했다. 그에 따라 이메일이나 메신저 등의 사용은 확대되었지만 커뮤니케이션과 상호작용에 분명한 한계는 있었다. 이에 새로운 형태의 상호작용과 커뮤니케이션이 필요했는데, 적합한 솔루션으로 등장한 것이 게더타운^{Gather Town}, 제페토^{ZEPETO}, ZEP 등의 메타버스 플랫폼이다.

의류기업 L사는 메타버스 플랫폼 ZEP을 활용해 전사 타운홀 미팅을 진행했다. 보물찾기, OX 퀴즈 등 게이미피케이션 요소를 활용했으며 해당 기업의 실제 카페테리아 모습을 메타버스 공간에 구현했다. 또한 임원진 라이브 강의도 메타버스 공간에서 진행했다.

메타버스 플랫폼은 상호작용이 줄어든 디지털 교육환경에서 이를 해결할 좋은 대안으로 등장하고 있다. 유통업체 세븐일레븐은 2021년 메타버스 플랫폼인 게더타운을 활용해 '세븐타운^Seven Town'이라는 가상 공간을 구축하고 신입사원 채용을 진행했다. 면접자들은 실제 면접장에 들어가 면접관을 맞이하는 대신, 자신의 아바타를 통해 면접장에 입장하고 화상을 통해 면접을 진행했다. 세븐타운에는 면접장 외에도 회사를 소개하는 영상, 주요 직무 정보를 제공하는 인터뷰 영상 등 각종 영상을 볼 수 있는 상영관이 마련되어 채용 대상자들에게 새로운 경험을 제공했다. 포털기업 네이버는 최근 신입사원을 대상으로 메타버스 온보딩 프로그램을 진행했다. 네이버가 자체 개발한 메타버스 플랫폼 제페토 내에 실제 사옥의 모습을 그대로 재현한 건물을 만들었으며 이 공간을 활용해 사옥 곳곳을 둘러보며 기업의 철학과 업무에 대한 교육을 진행한 것이다. 뿐만 아니라 신입사원들이 동기들과 팀을 이뤄 협동심을 높이는 게임도 메타버스 공간에서 진행했다.

메타버스 플랫폼은 교육프로그램에 재미와 몰입을 제공해주고, 비대면 환경에서의 상호작용을 높여준다. 이러한 장점을 활용해 교육효과와 몰입을 높이기 위한 다양한 시도들이 이루어지고 있다.

6

HR 테크의 급성장과
교육에의 시사점

HR 테크는 디지털 학습, 워크플로우 러닝과 밀접한 관련을 갖는다. 이런 측면에서 HR 테크의 최근 변화를 살펴보는 것은 종합적인 시각에서의 학습전문가로 나아가기 위해 필요한 부분이다. 최근 HR 테크가 활용되는 트렌드를 요약하면 3가지로 구분해볼 수 있다. 우선 인공지능의 활용이 증대되었다는 점이다. 채용, 인력 배치, 조직 문화, 육성, 평가, 보상에 이르기까지 HR 전 분야에서 인공지능의 활용은 확대되고 있다. 두 번째는 스킬즈 테크와 업스킬링, 리스킬링 분야다. 이런 측면에서 구성원의 스킬을 진단하고 이를 개발하기 위해 다양한 HR 테크 기술이 접목되고 있다. 마지막으로는 직원경험과 몰입이다. 구성원의 긍정적 경험과 몰입을 끌어내 성과로 이어지게 만드는 데 다양한 HR 테크가 활용되고 있다.

HR 환경변화와
HR 테크

인적자원의 급격한 환경변화

워크플로우 및 디지털 러닝의 흐름과 변화의 방향을 이해하기 위해서는 HR^{Human Resources}(인적자원)의 환경변화 흐름을 파악하는 것이 큰 도움이 될 것이다. 이런 측면에서 HR 환경은 어떤 변화를 맞고 있는지 함께 살펴보도록 하자.

HR은 지금껏 보지 못했던 변화를 맞고 있다. 산업적인 측면에서는 시시각각 경영환경이 변화하고 있으며, 산업 구조적인 측면에서도 디지털 트랜스포메이션이라는 큰 트렌드가 중심에 서 있다.

인적자원의 입장에서도 많은 변화가 있는 것이 사실이다. 기존 세대

와는 가치관과 회사를 바라보는 시각이 전혀 다른 MZ 세대의 등장과 코로나19로 인한 사회 전반의 급변화는 노동환경에도 큰 영향을 미치고 있다. 이런 변화를 대표하는 신조어 중 하나가 '대퇴사의 시대^{Great Resignation}'와 '조용한 퇴사^{Quiet Quittiing}'일 것이다.

대퇴사의 시대는 조직에서 구성원들의 퇴사율이 급증하고 있음을 의미한다. 2022년 8월 기준 미국의 월 퇴사자 수는 4,200만 명으로 이는 전체 노동인구 중 2.7%에 해당한다. 지난 30년 동안의 월 평균 퇴사율 1.3%를 2배 이상 상회하는 수치다. 이는 전 세계적인 현상으로 이직을 두려워하지 않는 MZ 세대들의 성향에 기인한 측면이 크며, 이런 성향은 코로나19 이후 더욱 명확하게 드러나고 있다.

조용한 퇴사는 2022년 7월 20대 엔지니어 자이들 플린^{Zaidleppelin}이 이 단어를 동영상과 함께 틱톡에 올린 후 유행처럼 번져 나갔다. 여기서 말하는 조용한 퇴사란 실직적인 사직을 의미하는 것이 아니다. 업무 외 시간이나 주어진 업무 외에 일이 있을 때 조용한 퇴사를 통해 더 이상 근무하지 않음을 의미한다. 회사에서의 몰입과 헌신, 초과근무에 대한 지나친 강요는 개인에게 있어 번아웃으로 연결된다. 미국의 한 연구에 의하면 번아웃을 느낀 사람의 비중이 2019년 63%에서 2022년 81%까지 상승했다고 발표했다. 이는 현대인들이 겪는 번아웃 현상이 매우 심각한 단계에 이르렀음을 보여준다. 조용한 퇴사는 번아웃을 스스로 막겠다는 의미와 더불어 더 이상 회사에 지나치게 몰입하거나 헌신하지 않겠다는 것을 말한다.

업무환경 측면에서도 많은 변화가 일어나고 있다. 재택근무가 섞인 근무제도인 하이브리드 워크가 일반화되고 있으며, 자율시차 출퇴근제, 주 4일제 등 기존 업무환경과 다른 새로운 제도들이 활용되거나 시도되고 있다. 비대면 회의나 디지털 업무 툴을 통한 업무관리가 일반화되는 등 기존의 업무환경이나 방식과는 확연히 달라지고 있다.

환경변화에 따른 HR의 역할과 HR 테크

조직은 인적자원 관리와 개발에 있어 산업 및 경제, 인력, 근무환경의 변화 등 수많은 과제와 도전을 고려해야 한다. 대퇴사의 시대에는 어떻게 인력을 충원하고 유지해야 하는지, 직원들의 조용한 퇴사 현상을 극복하고 어떻게 몰입을 창출할 수 있을지, 하이브리드 근무환경 하에서 신입사원은 어떻게 육성할 것인지, 달라지는 업무환경에서 리더십은 어떤 방향으로 발휘할 것인지 등 그 어느 때보다 수많은 과제와 산적한 문제를 안고 있다. 또한 구성원들의 커뮤니케이션 문제, 스트레스 관리 문제, 소속감의 상승 문제 등도 결코 무시할 수 없는 과제들이다.

■ HR 테크의 등장

산업환경
산업 및 경제환경

업무환경
하이브리드 워크
원격근무

HR

인적자원
대퇴사의 시대
조용한 퇴사

HR은 산업환경, 인적자원, 업무환경 측면에서 그 어느 때보다 큰 변화를 겪고 있다.

HR 테크

이런 수많은 문제와 과제를 기존의 접근방식과 부족한 HR 담당 인력만으로는 해결하기 어렵다. 이에 조직들은 산적한 HR 문제를 해결하기 위해 테크놀러지에 눈을 돌리기 시작했다. HR 테크는 HR 문제를 해결할 새로운 솔루션으로 주목받고 있다. 혼란스러운 HR 환경에서 보다 효과적이고 효율적으로 HR에 접근하기 위해 테크놀러지의 도움이 필수가 되고 있다. 이런 관점에서 HR 테크의 수요가 급증하고 있으며 HR 테크 기업들도 급성장하고 있다.

HR 테크가 모든 인사 문제를 해결할 수는 없다. 하지만 변화의 강력한 도구로 활용할 수는 있다. 복잡하고 다양해진 HR의 난제들을 해결하기 위해 HR 테크는 새로운 솔루션을 제시하고 있는 것이 사실이다.

인공지능 기반의
HR 확장

HR의 활용 트렌드 3가지

최근 HR 테크가 활용되는 트렌드를 요약하면 다음의 3가지로 구분
해볼 수 있다.

- 인공지능 기반의 HR 확장
- 스킬즈 테크의 성장
- 직원경험과 몰입

우선 인공지능의 활용이 증대되었다는 점이다. 채용, 인력 배치, 조직
문화, 육성, 평가, 보상에 이르기까지 HR 전 분야에서 인공지능의 활
용은 확대되고 있다. 또한 인공지능은 구성원의 활용성을 증대하고

인사 담당자의 업무를 경감하는 데 많은 도움이 되고 있다. 두 번째
는 스킬즈 테크와 업스킬링, 리스킬링 분야이다. 기업의 비즈니스가
빠르게 변화하는 시점에 이에 맞는 구성원을 채용하고 육성하는 것
은 기업의 필수적인 핵심 역량이 된다. 이런 측면에서 구성원의 스킬
을 진단하고 이를 개발하기 위해 다양한 기술이 접목되고 있다. 마지
막으로는 직원경험과 몰입이다. 구성원의 긍정적인 경험은 조직의 인
력 확보와 유지를 위해 중요하며, 구성원들의 몰입이 저하되는 최근
의 사회변화 속에서 몰입을 끌어내 성과로 이어지게 만드는 데 다양
한 HR 테크가 활용되고 있다.

채용을 지원하는 인공지능

HR에서 인공지능은 빠르게 확산하고 있다. 그중에서도 가장 돋보이
는 분야가 바로 채용이다. 채용 분야의 업무는 채용 마케팅, 채용 공
고 등록, 입사지원서류 수령 및 채용 문의 응대, 입사지원시류 스크리
닝, 채용 인터뷰 실행, 신입사원 교육에 이르기까지 행정적인 절차가
많은 부분을 차지한다. 또한 반복적인 업무가 대부분이라 인공지능의
도움을 많이 받을 수 있는 분야이기도 하다.

HR 업무의 순환 프로세스라 할 수 있는 채용 → 육성 → 평가 → 보상
과정에서 행정적 절차와 반복적 업무가 많은 까닭에 채용 분야의 인
공지능 활용은 가장 활발히 이루어지고 있다.

■ 채용 프로세스에서 인공지능의 활용

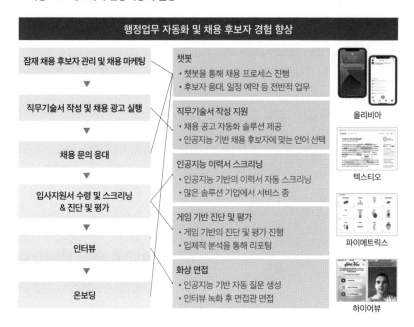

채용 후보자와의 커뮤니케이션과 응대에 있어서는 단연 챗봇의 활용이 돋보인다. 맥도날드에서 활용한 패러독스사의 올리비아 챗봇의 사례에서 확인할 수 있듯이 채용 후보자의 전반적인 문의와 그에 대한 답변, 일정 공지에 이르기까지 다양하게 활용하고 있다. 챗봇은 24시간 응대를 통해 채용 후보자의 긍정적 경험 확대와 채용 담당자의 업무를 경감해주고 있다.

채용 마케팅에서도 인공지능을 활용하는데, 텍스티오Texttio의 서비스를 통해 어떤 채용 문구를 활용해야 채용 후보자의 관심을 불러올 수 있을지 파악한다. 또한 이 서비스를 통해 채용 문구를 자동으로 완성하고 첨삭해 문장을 완성형으로 바꾸기도 한다.

인공지능을 활용한 또 다른 채용은 입사지원서의 스크리닝 부분이다. 채용 업무에서 인공지능의 도움을 받는 대표적인 분야라 할 수 있는데, 인공지능은 입사지원서를 자동으로 인식하여 회사에 적합한 채용 후보자를 걸러 낸다.

채용 후보자의 진단에도 인공지능을 비롯한 디지털 기술이 활용된다. 파이메트릭스Pymetrics는 채용 후보자에 맞는 문항를 출제하고 이에 대한 진단을 실시한다. 기존 진단과 달리 인공지능 예측 시스템을 활용해 적은 문항에 대한 답변에도 채용 후보자의 적합성에 대해 예측해 주는 서비스를 실시하고 있다.

채용 인터뷰에서도 인공지능 기술이 활용되는데, 코로나19로 인해 대면 면접이 어려워지자 하이어뷰HireVue와 같은 화상 면접 시스템이 많이 쓰이고 있다. 이 면접 시스템에서는 인공지능 기술을 활용해 채용 후보자에게 맞는 질문들을 생성하고 이에 대한 답변을 분석해 면접관에게 제공한다.

인공지능은 채용 업무 전반에 활용되며 채용 후보자의 긍정적인 경험을 증진시키고 있다. 또한 채용 담당자의 반복적인 업무를 경감해주며 그 역할을 충분히 해 내고 있다.

탤런트 인텔리전스와 HR 애널리틱스

탤런트 인텔리전스와 HR 애널리틱스Talent Intelligence & HR Analytics는 HR에서 대표적으로 빅데이터와 인공지능이 많이 활용되는 분야이다. 이 둘은 다양한 방법으로 정의되고 있으며 때로는 혼용되기도 한다. 다양한 정의가 있겠지만 이를 각각 요약해 설명하자면, 탤런트 인텔리전스는 '비즈니스 의사결정을 지원하기 위해 외부 인재환경에 대한 데이터를 결합하고 분석하는 것'을 의미한다. 더불어 HR 애널리틱스는 '조직 내 다양한 데이터를 모으고 가공·분석함으로써 HR 또는 사람과 연관된 비즈니스의 이슈와 질문에 답하기 위한 프로젝트 또는 과정'이라고 설명할 수 있다.

그렇다면 이 둘의 차이는 무엇일까? 글로벌 인사 컨설팅 기업 암스트롱 크레이븐Armstrong Craven은 'HR 애널리틱스의 중요한 부분은 인재에 대한 내부적 관점'이라고 설명한다. HR 애널리틱스는 채용, 역량 개발 및 성과와 같은 HR 메트릭 및 HR 데이터를 살펴보고 비즈니스 현황에 대한 개요를 제공한다. 반면 탤런트 인텔리전스는 외부 시장을 포괄한다. 더 큰 그림, 즉 시장동향, 경쟁업체 활동, 인력 가용성 및 기술, 보상 수준, 고용 브랜드와 같은 요소를 활용한다.

여기서는 2022년 HR 테크 컨퍼런스(글로벌 HR 테크 컨퍼런스 중 가장 큰 규모)에서 소개되었던 탤런트 인텔리전스의 사례를 중심으로 HR 데이터가 어떻게 활용되는지 살펴보도록 하자. 해당 사례는 헬스케어 산업에서 인력 수급의 불균형을 HR 데이터의 수집, 분석, 활용을 통해 해결했던 사례이다.

미국인 7명 중 1명은 헬스케어 분야에 근무한다. 이는 약 2,000만 명 이상의 인력이 헬스케어 분야에 종사함을 의미한다. 미국 내 병원 수는 6,000여 개에 달하고 병원 종사자 중 86%는 전문직으로서 핵심 역할을 맡는다. 이 중 간호인력의 노쇠화가 두드러졌는데 42%의 간호사는 은퇴 연령이거나 은퇴 연령에 가깝다. 이들의 평균 연령은 52세로 간호인력 부족 현상은 심각한 수준이었다. 매년 실시되는 병원 CEO에 대한 설문조사에 의하면, CEO가 느끼는 가장 큰 문제로 인력 부족 현상을 들었으며, 병원 CEO의 94%는 간호인력 부족 현상을 매우 심각한 경영상의 문제로 보고 있다.

이런 문제를 해결하고자 탤런트 인텔리전스 프로젝트가 진행되었고 데이터를 통합하고 분석하는 과정에서 다음과 같은 핵심 문제를 발견했다.

■ 간호인력 갭

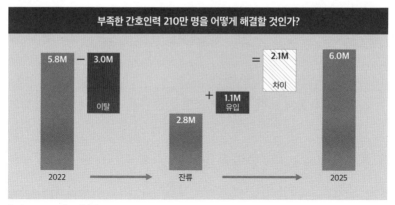

출처 2022 HR 테크 컨퍼런스, The Global Workforce Intelligence Project, Kathi Enderes.

평균 이직 및 은퇴율과 채용률을 고려했을 때 2025년에는 210만 명의 인원이 부족할 것으로 예측된다. 이는 은퇴율과 이직률을 고려한 300만 명의 퇴사 또는 이직 수치와 일반적인 수치라 할 수 있는 110만 명의 입사를 고려한 수치이다.

해당 프로젝트를 수행했던 케시 엔더레스[Kathi Enderes]와 그의 팀은 글로벌 HR 테크 분야의 최고 석학인 조시 버신[Josh Bersin]과 함께 4R 모델을 활용해 이 문제를 해결하고자 했다. 여기에서 말하는 4R 모델은 다음과 같다.

• Reskill : 경력개발, 스킬 프로그램, 이동 등

- Redesign : 업무분석, 직무설계, 외부 인력 활용 등
- Recruit : 전략적 소싱, 대학 연계 등
- Retain : EX, 조직 문화, 보상, 공정성, 유연성 제도 등

간호인력 수급문제의 해결은 4R 모델을 종합적으로 활용하는 방향으로 설계되었다. 추가 채용에 35만 명, 퇴사 인력 방지와 인력 유지를 통해 40만 명을 조직에 남게 하고, 다른 분야 인력의 리스킬링을 통한 직무 전환으로 50만 명을 확보하는 계획이다. 이런 전략은 인력 수급 부족을 공급의 확대를 통해 해결하고자 하는 부분이다. 또한 인력 수요의 억제를 통해서 전체 수급 부족을 해결하려 했는데, 직무를 재설

■ 탤런트 인텔리전스를 통한 솔루션

출처 2022 HR 테크 컨퍼런스, The Global Workforce Intelligence Project, Kathi Enderes.

계하고 간호사 업무의 역할 조정을 통해 85만 명의 인력 수요를 억제하는 방안을 프로젝트의 결과물로 제시했다.

우리는 앞에서 인공지능의 활용이 확대되는 HR 영역에 대해 함께 알아보았다. 채용에서 활용되는 인공지능, 그리고 빅데이터를 활용하는 HR 애널리틱스와 탤런트 인텔리전스가 그것이다. 이런 인공지능을 통한 데이터의 활용은 인재육성이라는 교육과도 매우 밀접한 관련이 있다. 채용Recruit, 인력 유지Retain, 리스킬링Reskill, 직무재설계Redesign는 모두 교육과 이어지는 것이 사실이다. 따라서 교육과 매우 밀접한 관련이 있다고 할 수 있는 인적자원 관리에서의 인공지능 활용에 대한 트렌드와 현황에 대해 지속적으로 관심을 가지고 학습하는 것이 필요하다.

스킬즈 테크의 성장

왜 스킬즈 테크인가

직업의 위계구조를 살펴보면 직업Job – 역할Role – 역량과 능력Capabilites or Competency – 스킬Skills로 구분할 수 있다. 과거의 인재관리가 직업과 역할 중심으로 이루어졌다면 지금은 역량 중심으로 인재관리의 방향이 변화했다. 직업과 역할을 구성하는 보다 작은 단위의 역량을 활용함으로써 인재관리의 구체성과 효과성을 높인 것이다. 하지만 최근의 급격한 비즈니스 환경변화는 역량이나 능력 단위의 인재관리에 한계가 있음을 드러내고 있다. 빠른 변화는 보다 작은 단위의 필요를 요구하게 했으며 그에 따라 주목받는 방식이 바로 스킬 중심의 인재관리다. 이런 세분화된 인재관리에는 기술적 도움이 절대적인데, 이를 지원하는 기술이 바로 스킬즈 테크Skilles Tech다.

■ 직업, 역할, 역량과 능력, 스킬

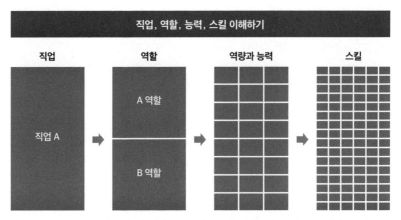

미국 HR 컨설팅 회사인 브랜든 홀 그룹[Brandon Hall Group]의 2020년 조사
에 의하면 '왜 최근의 인재 필요를 충족시키지 못하는가?'라는 질문
에 65%는 지금의 교육이 경력개발과 직업·역할로 이어지지 못한다
고 답변했다.

교육과 경력, 교육과 직업이 직접 연결되기 위해서는 역량보다 조금
더 세분화된 단위가 필요하다. 역량 단위는 일반적으로 한 기업에서
200~500개 정도 활용되지만, 최근 인공지능 기반의 스킬 단위를 적
극 활용하고 있는 에잇폴드[Eightfold]사의 경우 이보다 작은 단위의 스킬
을 140만 개 이상 도출해 활용하고 있다.

여기서 설명하고 있는 스킬 단위의 의미를 좀 더 쉽게 풀어보면, 역량이 '마케팅 기획'일 때 이를 스킬 단위로 나누면 '유튜브 마케팅 기획', '키워드 마케팅 기획', '블로그 마케팅 기획', '틱톡 마케팅 기획 및 관리' 등 보다 세분화하여 활용하는 것을 의미한다.

인재관리 축이 역량에서 스킬로 변화하는 데는 여러 가지 원인이 있겠지만 최근 빠른 비즈니스 환경변화가 가장 큰 요인으로 부각되고 있다. 빠른 비즈니스 환경변화는 보다 세분화되고 구체화된 인재관리를 요구하게 되었고, 이런 측면에서 세분화된 단위인 스킬의 중요성이 강조되고 있는 것이다.

스킬 단위의 인재관리에 접근하기 위해서는 2가지 사항을 기억해야 한다. 첫째는 직업이 동일해도 그 안의 스킬은 계속해서 바뀌고 있다는 점이다. 과거와 현재 마케팅 실무를 담당하는 필요 스킬의 경우 변화하지 않은 것도 있지만 변화하는 스킬들이 더 많다. 이런 변화하는 스킬들은 지금 이 순간에도 계속 등장하고 있다. 과거 마케팅 실무자들에게 신문광고 기획, 브로슈어 제작 등의 스킬이 중요했다면, 지금은 유튜브 채널 관리, GA^{Google Analytics} 활용 및 관리가 더욱 중요해졌다.

둘째, 같은 스킬이라도 지속적으로 변화하고 있다는 점을 기억해야 한다. 20년 전의 커뮤니케이션 스킬과 지금의 커뮤니케이션 스킬은

■ 마케팅 업무와 스킬즈

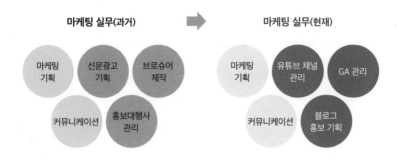

마케팅 실무(과거) ➡ **마케팅 실무(현재)**

마케팅
기획

신문광고
기획

브로슈어
제작

커뮤니케이션

홍보대행사
관리

마케팅
기획

유튜브 채널
관리

GA 관리

커뮤니케이션

블로그
홍보 기획

직업과 역할에는 변화가 없어도, 필요한 스킬은 지속적으로 변화한다.

엄밀하게 말하면 다르다. 20년 전 직장 내 커뮤니케이션은 글과 전화 통화 스킬이 전부였지만, 지금은 SNS, 메신저, 화상회의 등 다양한 커뮤니케이션 스킬들로 확장하고 있다.

이렇게 지속적으로 생성되고 변화하는 광범위한 스킬을 보다 체계적으로 다루기 위해서는 테크의 도움이 필요하다. 이런 스킬 단위를 인공지능 등의 기술로 체계적으로 관리하는 HR 테크를 스킬즈 테크라 지칭한다.

스킬즈 테크의 확장성
스킬즈 테크가 중요한 이유는 여러 가지가 있겠지만, 그 활용의 확장성은 가장 중요한 이유 중 하나이다. 아래의 그림은 스킬 맵^{Skill Map}을 보여주는데, Job A를 스킬 단위로 쪼개서 분석해 보면 짙은 색으로 표시된 스킬들이 필요한 부분에 지도형식으로 표현된다. Job A의 스킬 맵을 바탕으로 다양하게 확장이 가능하다.

두 번째 그림은 Job A를 맡고 있는 담당자의 스킬을 분석했을 때의 그림이다. 해당 그림에서는 많은 부분이 일치하고 있지 않다. 이런 경우 Job A 담당자를 다른 곳으로 이동 배치하고 그에 따른 보상과 평가를 재설계할 수 있다.

Job A 담당자를 다른 곳으로 이동 배치한 후 신규 직원을 충원할 때도 스킬즈 테크는 매우 유용하다. 지원 후보자의 스킬 맵을 분석한 후 Job A와의 적합성을 맞춰보는 것이다. 세 번째 그림에서 Job A의 후

■ 스킬즈 테크의 가능성

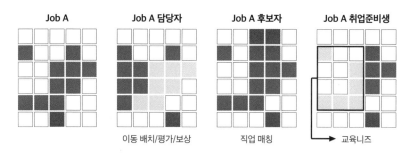

짙은 색은 현재 보유 역량, 옅은 색은 Job A에 부족한 부분, 짙은 색 선으로 묶인 부분은 교육니즈

보자는 직무수행에 필요한 모든 스킬을 가지고 있음을 보여준다. 따라서 이 사람을 채용해 Job A의 역할을 맡길 수 있다.

스킬즈 테크는 교육적으로 매우 활용 가치가 높다. 교육과 직무와의 연계성 그리고 교육과 경력과의 연계성을 만들어주는 역할을 한다. 네 번째 그림에서 Job A를 준비하는 취업준비생에게는 자신이 Job A를 수행하기 위해 무엇이 부족하고 필요한지 명확하게 보여줌으로써 어떤 스킬을 향상시키고 학습해야 하는지를 제시해준다.

스킬즈 테크는 인사 분야의 채용, 교육, 평가 및 보상, 이동 배치에 이르기까지 확장성이 크며, 이런 측면에서 많은 HR 테크 기업들이 주목하고 있는 것이다.

스킬즈 테크는 어떻게 작동하는가

스킬즈 테크는 작은 단위로 광범위하게 구성되기 때문에 인공지능과 같은 첨단기술의 활용이 필요하다. 그렇다면 스킬즈 테크는 어떻게 작동하는 것일까? 스킬즈 테크와 인공지능을 활용하는 HR 테크 기업인 에잇폴드의 모델을 통해 알아볼 수 있다.

데이터를 수집하는 데 있어서는 광범위하게 수집해야 한다. 전 세계

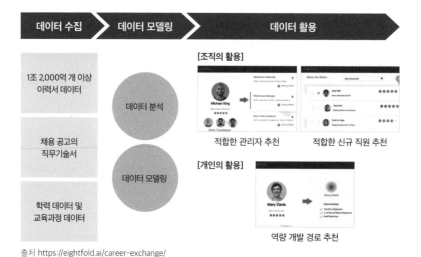

출처 https://eightfold.ai/career-exchange/

1조 2,000억 개 이상의 이력서 데이터를 모으고 각종 채용 공고 사이트나 링크드인에 있는 직무기술서 데이터를 수집한다. 그런 다음 개인별 학력 정보를 모으고 교육기관들의 교육과정 데이터도 수집한다.

이렇게 수집한 정보를 활용한 데이터 분석과 모델링을 통해 어떤 상황하에서 스킬이 필요한지 관계성을 분석한다. 또한 스킬과 사람들의 경력, 그리고 스킬과 학력 및 교육이수 정보에 대한 연관성도 분석한다. 이를 정교하게 모델링하여 에잇폴드에서 도출한 140만 개의 이상의 스킬이 어떤 직무와 연결되는지, 그리고 어떤 경력과 연결되는지 모델링하는 것이다.

모델링한 데이터를 기반으로 채용, 육성, 이동 배치 등에 다양하게 활용한다. 예를 들어 조직 차원에서는 현재 공석이 된 재고관리자에 대한 내부 인력의 추천을 받아볼 수 있으며, 또한 채용하고자 하는 자리의 입사지원자들에 대한 적합도 데이터를 제공받을 수도 있다. 개인적으로는 경력 개발상 자신이 어느 곳을 목표로 해야 하는지 추천받을 수 있으며, 이에 필요한 스킬과 교육프로그램의 정보를 제공받을 수도 있다.

스킬즈 테크는 인재관리 전반에 활용되고 있으며 그 파급효과 또한 매우 크다. 특히 교육에 있어서는 매우 주목해야 하는데, 그 이유로는 교육과 직무, 교육과 경력 사이의 관계를 제시할 수 있기 때문이다. 내게 필요한 교육이 무엇인지, 내가 이 교육을 왜 받아야 하는지에 대한 정보는 학습자들에게 교육프로그램 정보 이상으로 중요하다. 스킬즈 테크는 경력에 대한 가이드를 제공하고 원하는 직무와 경력에 맞춤형 교육커리큘럼을 설계해줄 수 있다는 점에서 그 중요성이 점점 더 부각될 것이다.

직원경험과 몰입을 위한
HR 테크의 활용

직원경험의 시대

HR 테크 분야의 구루 조시 버신은 2022년 HR 테크 컨퍼런스에서 직
원경험의 시대를 언급하며 EXP^{Employee eXperience Platform}(직원경험 플랫폼)
를 강조하였다. 그는 1970년대와 1980년에는 제조경제의 시대였으
며, 이때는 전사적 자원관리 시스템인 ERP^{Enterprise Resource Planning}가 중요
시 되면서 생산관리, 공급망관리, 재무정보의 통합이 ERP를 통해 이
루어졌다. 이후 1980년대에서 2000년대에 이르는 시기는 고객경제
시대였다. 비즈니스에서 고객관계 관리가 중요시되던 시기로, 이 시
기에 많이 활용되던 CRM^{Customer Relationship Management}은 고객중심 경제에
서 가장 중요한 역할을 하는 시스템이었다. 마케팅, 영업, 고객분석 등
고객과 관련된 정보들을 통합 관리하는 역할을 했다. 그 다음 시기인

2015년부터 현재까지는 서비스경제의 시대라 할 수 있겠다. 실질적인 서비스를 담당하는 직원들의 역할이 비즈니스에서 매우 중요하게 다뤄지고 있다. 따라서 직원경험을 통합 관리할 수 있는 EXP가 핵심 플랫폼으로 자리 잡고 있다고 조시 버신은 강조한다.

여기서 말하는 직원경험이란 입사지원에서 퇴사, 그리고 그 이후까지 조직 내 접점을 통한 그들의 여정 속에서 구성원들이 느끼는 인식을 의미한다. 직원경험이 중요한 이유는 서비스경제 시대에 직원들 각자가 어떻게 하느냐에 따라 서비스의 품질이 좌우되기 때문이다. 따라서 직원경험을 관리하는 것은 조직의 핵심 역할이 될 수밖에 없다.

직원경험을 구성하는 3가지 요소는 문화, 물리적 공간, 시스템으로 구

■ 직원경험에 영향을 미치는 3가지 요소

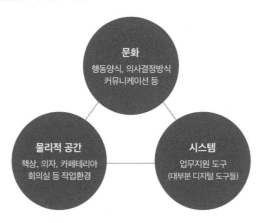

분해볼 수 있다. 문화는 임직원들이 공유하는 행동양식이나 의사결정 방식을 의미하고, 물리적 공간은 말 그대로 사무공간, 휴게실, 작업실 등의 작업환경을 의미한다. 마지막으로 시스템은 임직원이 활용하는 지원 도구를 의미하는데, 이들 대부분은 디지털 환경으로 구성되어 있다. 기업들은 직원경험을 높이기 위해 상명하복의 문화를 수평문화로(문화), 딱딱했던 작업환경을 유연한 근무환경으로(물리적 공간), 시스템 구축 또는 업그레이드를 통해 직원들이 보다 편리하게 업무를 진행할 수 있도록(시스템) 노력을 기울인다. 이러한 것들은 직원의 긍정적 경험을 높이기 위한 노력이다.

서비스경제 시대의 핵심인 긍정적 직원경험은 조직의 비즈니스에서도 생산성 향상, 이직률 감소, 결근율 하락, 창의성과 혁신, 고객서비스 품질 향상 등 발전적인 영향을 미친다. 이런 효과로 최근 기업들은 앞다투어 긍정적 직원경험을 구축하려 노력하고 있으며, 여기에 통합적인 역할을 하는 것이 바로 EXP인 것이다.

HR 테크의 최근 트렌드에서 가장 뜨거운 분야를 꼽으라면 바로 EXP다. SAP SuccessFactors, Workday, ADP, 오라클 ME 등 인사관리 시스템 분야를 선도했던 기업들 또한 앞으로 HR 테크의 방향을 EXP로 잡아 매진하고 있다.

EXP는 기본 인사관리 시스템 역할을 넘어 다양한 기능을 소화하고 있다. 직원들과의 커뮤니케이션 활성화 기능, 성장과 학습의 기회, 웰빙 지원, 다양한 커뮤니티 지원, 기업의 지식 리소스 창고, 인사이트 및 지식자료 제공 등 직원경험 전반을 다루는 시스템이 바로 EXP인 것이다.

직원몰입의 중요성

HR 컨설팅 회사 휴이트 어소시에이션Hewitt Association에 의하면 직원몰입Employee Engagement이란 직원들이 지속적으로 조직에 대해 긍정적으로 이야기하고Say 조직과 함께하고자 하며Stay 기대되는 역할을 벗어나 더 많은 것을 성취하려는 모습Strive을 의미한다. 글로벌 HR 컨설팅 회사인 휴이트 그룹은 자체 조사를 통해 직원몰입이 우수한 기업들은 여타 기업과 비교해 성과 측면에서는 40%가 높고, 고객만족 18%, 재무성과는 4.5배 높았을 뿐만 아니라 이직률은 14% 낮다고 발표했다. 휴이트 그룹의 발표처럼 직원몰입은 기업의 재무성과에 직접적인 연관이 있고, 이 때문에 기업들은 직원들의 몰입에 지대한 관심을 가지게 되는 것이다.

하지만 최근의 흐름은 직원몰입을 방해하는 다양한 변화가 감지되고 있다. 재택근무가 일반화되면서 업무몰입에 어려움을 겪고 있는 기

■ 직원몰입을 위한 HR 테크 툴

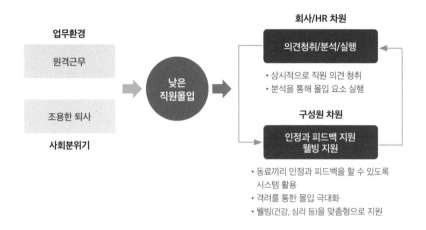

업이 늘고 있다. 최근 MZ 세대 중심으로 일어나고 있는 업무시간 외나 업무범위 외의 일을 하지 않으려는 조용한 퇴사와 같은 사회분위기, 그리고 번아웃된 직원들의 비율 증가는 직원몰입을 어렵게 한다.

낮은 직원몰입은 회사의 생산성으로 직결되어 비즈니스에 부정적인 영향을 미치기 때문에 기업은 HR 테크를 활용해 이 문제를 적극적으로 해결해 나가고 있다. 우선 회사 차원에서 구성원들의 의견을 적극적으로 청취하고 이를 분석해 해결방안을 실행하는데 HR 테크를 활용하고 있다. 구성원들 사이에 다양한 격려와 피드백이 오갈 수 있는 시스템을 활용하고, 직원들의 웰빙을 지원하는 데 HR 테크의 세부 기술을 적극적으로 도입하고 있는 것이다.

모티보시티Motivosity는 직원몰입을 향상시키는 대표적인 플랫폼이다. 다양한 방법으로 직원 의견 청취 및 분석을 지원한다. 예를 들어 시스템상에서 연간 및 수시 서베이를 지원하고 이를 통합적으로 분석해 시사점을 도출하고 있다. 구성원 만족도, 펄스 서베이(비정기적으로 이루어지는 조사) 등을 통해 조직 전체 또는 팀 만족도 조사를 지원하고 이를 분석해 조직문화 및 직원 참여도 개선을 위한 리포트와 대시보드를 제공한다. 또한 효율적인 설문 진행을 위해 정형화된 설문 양식을 제공하고 입사 포기자 및 퇴사자에 대한 정보를 수집하여 데이터나 리포트를 제공하기도 한다. 모티보시티는 이런 정보의 수집 및 분석

■ 모티보시티의 시스템 구성도

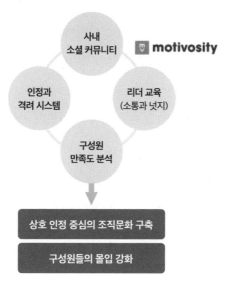

에 그치지 않고 구성원 사이에 다양한 격려와 피드백이 오갈 수 있도록 지원하고 있다. 관심사 기반의 사내 소셜 커뮤니티 생성 플랫폼을 제공하는 것이다. 이는 몰입과 인정 문화 구축을 위한 사내 소셜 피드 게시판을 제공함으로써 즉각적인 칭찬이 가능하도록 설계되어 있다. 또한 인사관리 시스템과 연계해 업무관계 중심의 개인화된 조직도를 만들어 업무생산성을 향상시킬 수도 있다.

웰빙을 지원하는 다양한 플랫폼도 등장하고 있는데 마이크로소프트 비바 인사이트VIVA Insight는 HR 애널리틱스 기법을 활용해 업무기록, 근무시간, 이메일 등을 분석하여 직원들의 신체적·정신적 번아웃 수준을 객관적으로 파악할 수 있도록 지원한다. 아멜리아 버추어 케어 Amelia Virtual Care 프로그램은 가상현실 기술을 활용하여 맞춤형 심리치료 서비스를 제공, 환자를 스트레스 상황에 점차적으로 노출시키고 이를 반복적으로 훈련하여 증세를 약화시킨다. 보상을 맞춤형으로 지원하는 HR 테크 플랫폼 데일리 페이Daily Pay는 본인의 급여 중 필요한 금액을 원하는 때에 지불받을 수 있도록 지원한다. 예를 들어 급여일이 25일인데 15일에 갑자기 돈이 필요하다면 25일에 지급될 월급 중 필요한 금액을 먼저 지급받는 것이 가능하며, 일정 수수료만 내면 월급을 주급으로 바꿔 지급받는 것도 데일리 페이를 통해 가능하다.

서비스경제의 시대 그리고 대퇴사의 시대라고 일컫는 최근의 사회환경은 그 어느 때보다 직원들의 위상을 높여주고 있다. 이는 기업이 앞다투어 직원들의 긍정적 경험과 몰입을 높이려 노력하기 때문일 것이다. 이런 노력을 지원하는 HR 테크는 다양하고 풍부하게 발전하고 있는 것이 사실이다.

경험과 몰입이 강조되는 HR 테크의 흐름은 디지털 교육환경과 비슷하다. 학습경험Learning Experience과 학습몰입Learning Engagement이 그 어느 때보다 디지털 환경 속에서 강조되고 있기 때문이다. 직원과 학습자는 별개가 아니라는 시각이 필요하다. 직원몰입과 학습몰입은 많은 부분에서 상관관계가 있으며 직원경험 중 학습경험은 중요한 위치를 차지하는 경험 중 하나이다. 이런 종합적인 맥락 안에서 디지털 러닝과 워크플로우 러닝에 접근하는 것이 중요하며 HR 테크의 흐름을 적극적으로 받아들이고 활용하는 것이 필요할 것이다.

7

일과 학습의 결합 시대, 우리는 무엇을 갖추어야 하는가

새로운 디지털 시대가 열리고 있다. 이 시점에서 우리는 어떤 역량을 갖추어야 할까? 첫째, 업무자동화에 따른 업스킬링과 리스킬링이 강조된다. 지식과 비즈니스 환경의 빠른 변화는 구성원들의 빠른 학습과 성장을 원하고 있고, 이런 측면에서 업스킬링과 리스킬링은 계속해서 강조되고 있는 부분이다. 두 번째는 디지털 역량의 강조로 로봇 혹은 인공지능과 함께 살아가야 하는 세상에서 이들과 함께 일할 수 있는 역량을 강조하는 것이다. 세 번째는 모순적으로 로봇, 인공지능과 함께 살아가야 하지만 로봇이나 인공지능이 하지 못하는 부분의 역량을 강화하는 것이다. 인간만이 가질 수 있는 역량인 감성, 공감, 커뮤니케이션 등 대인관계 역량인 소프트 스킬들이 강조된다. 네 번째 역량은 창의와 혁신을 지속할 수 있는 역량이다. 혁신을 계속적으로 추진할 수 있는 심리적 안전감과 회복탄력성이 대표적이다.

평생학습의 시대
성장 마인드셋과 업스킬링 & 리스킬링

디지털 시대, 새로운 역량

제조업이 산업의 핵심이었던 환경에서는 표준화가 강조되었다. 표준화된 체제하에서는 투입량이 생산성을 결정했기 때문에 근면과 성실이 요구되었고, 근면과 성실 그리고 그것을 반영하는 학력은 인재를 채용하는 최우선 기준이었다. 하지만 4차 산업혁명이라는 큰 물결은 제조업 중심에서 탈피한 새로운 비즈니스 환경을 만들었고 새로운 인재상을 요구하고 있다.

기업 인재상은 근면과 성실을 강조하는 데에서 창의와 혁신, 그리고 발 빠른 변화와 적응을 강조하는 인재상으로 변화하고 있다. 기업들이 새로운 인재상의 변화 방향에 발맞춰 공통적으로 강조하는 4가지

■ 디지털 시대, 새로운 역량

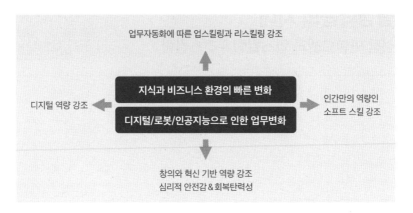

역량이 있는데, 여기에서는 해당 부분에 대해 살펴보고자 한다.

첫 번째, 업무자동화에 따른 업스킬링과 리스킬링이 강조되고 있다. 담당하는 업무에서 보다 높은 스킬을 갖추는 것을 업스킬링, 다른 분야로의 이동을 위해 새로운 스킬을 습득하는 것을 리스킬링이라 한다. 지식과 비즈니스 환경의 빠른 변화는 구성원들의 빠른 학습과 성장을 원하고 있고, 이런 측면에서 업스킬링과 리스킬링은 계속해서 강조되고 있다.

두 번째는 디지털 역량의 강조로 로봇 혹은 인공지능과 함께 살아가야 하는 세상에서 이들과 함께 일할 수 있는 역량을 강조하는 것이다.

세 번째는 아이러니하게도 로봇, 인공지능과 함께 살아가지만 로봇이나 인공지능이 하지 못하는 역량이다. 인간만이 가질 수 있는 역량인 감성, 공감, 커뮤니케이션 등 대인관계 역량인 소프트 스킬들이 강조된다. 로봇이나 인공지능이 하지 못하는, 인간이기에 더 뛰어난 역량을 강조하는 것이다.

네 번째 역량은 창의와 혁신을 지속할 수 있는 역량이다. 창의와 혁신의 적극적인 참여에 원동력이 되는 심리적 안전감과 혁신에 실패한후 다시 일어설 수 있는 회복탄력성이 강조된다. 디지털 시대에는 수많은 시도와 혁신 그리고 실패가 반복적으로 일어난다. 제조업의 시대와 달리 실패의 비용이 매우 저렴하기 때문에(공장이나 시제품 제작에 들어가는 비용에 비해 디지털 시대에는 디지털 서비스의 복제와 수정이 손쉽게 이루어지기 때문에 이에 대한 비용이 현저히 낮다.) 수많은 시도와 실패가 오히려 장려되는 분위기다. 이런 수많은 시도와 실패를 감수할 수 있는 역량이 바로 심리적 안전감과 회복탄력성이다.

필수가 된 업스킬링과 리스킬링

업스킬링과 리스킬링의 등장은 업무자동화와 밀접한 관련이 있다. 기존에 하던 일이 로봇이나 인공지능에 의해 자동화되면서 사람들은 기존의 직업이 없어지거나 같은 직업을 유지한다 하더라도 자동화가 되

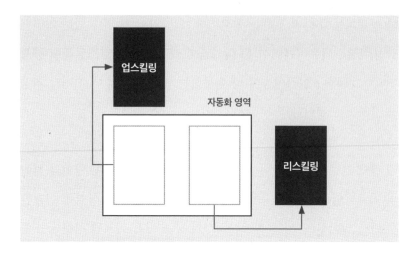

어 가는 반복적 업무에서 벗어나 더 상위의 스킬을 습득해야 한다. 이 런 측면에서 직업이 없어져 새로운 스킬을 갖추는 것을 리스킬링, 보 다 상위의 스킬을 획득하는 것을 업스킬링이라 한다.

채용 업무를 담당하는 사람들은 과거 채용 공고 공지, 서류 스크리닝, 면접 준비, 면접 실행, 채용 후보자 응대 등 많은 반복적 업무를 수행 해야 했다. 하지만 최근의 HR 테크 발전은 이런 업무를 획기적으로 자동화하고 있어 채용 담당자에게 새로운 변화를 요구하고 있다. 채 용 담당자는 반복적인 업무는 디지털과 인공지능에 맡기고 채용 전략 수립이나 채용 데이터 분석 등 보다 상위의 업무를 수행하기 위한 업 스킬링이 필요하다.

리스킬링의 경우 기업이 먼저 나서는 경우가 많다. 통신회사 AT&T는 회사 비즈니스를 소프트웨어 및 무선네트워크 사업으로 전환하면서 유선통신 기반의 직원들이 설 자리가 없어지자 2013년부터 2016년까지 2억 5,000만 달러를 투자해 해당 직원들의 디지털 역량 개발을 지원했다. 또한 연간 3,000만 달러 이상을 등록금으로 지원하고, 14만 명에 달하는 직원들이 신규 직업능력과 기술자격을 취득할 수 있도록 지원하고 있다. 일자리가 없어지거나 없어질 위기에 놓인 직원들을 위해 과감하게 리스킬링을 지원하고 있는 것이다. 아마존은 물류센터 자동화로 일자리를 위협받고 있는 직원들을 위해 2025년까지 직원 10만 명을 대상으로 디지털 기술훈련에 7억 달러를 투자할 예정이라고 발표했다. 인력 파견 전문기업 맨파워그룹은 프랑스 전역의 6만 명 이상을 대상으로 수요기술 조사를 실시해 그에 맞는 기술을 학습할 수 있는 4개월간의 프로그램을 제공한다. 해당 프로그램 수료 후에는 〈Bridge to Work〉라는 매칭 프로그램을 통해 교육생들을 적절한 직무에 재배치하게 되는데 매칭률이 무려 90%를 자랑한다.

기업들은 디지털화로 인한 기업 내 더 빨라진 인력 수요 변화에 따른 대처가 필요하다. 새로이 증가하는 인력 수요에 적극 대응하고 기존 인력의 해고를 재배치로 전환함으로써 기업의 사회적 책임을 다하기 위한 리스킬링을 적극 도입하고 있다.

업스킬링과 리스킬링은 빠르게 변화하는 기업환경 속에서 일하는 사람들에게 필수 요소로 자리 잡고 있다. 디지털과 인공지능으로 인한 자동화가 없던 시절, 우리는 대학에서 배운 스킬을 토대로 평생 일할 수 있었다. 하지만 하루가 다르게 발전하는 디지털과 인공지능 시대에 기존 스킬과 지식을 고수하는 것은 빠르게 도태되는 것과 같은 의미다. 기업의 구성원들은 매일 변화하는 환경에 맞춰 새로운 스킬과 지식을 요구받고 있다. 직장인을 샐러던트(샐러리맨 + 스튜던트의 합성어)라 부르는 것도 빠르게 변화하는 환경에서 지속적으로 배우지 않으면 도태되는 세상에 살고 있음을 비유하는 것이다.

이런 환경에서 우리는 지속적인 성장 마인드를 가져야 한다. 새로운 변화를 빠르게 받아들이고 학습하는 것이 필요하다. 평생학습과 지속적 성장 마인드는 지금의 디지털 시대를 살아가는 데 있어 선택이 아닌 필수 요건으로 자리 잡고 있기 때문이다. 미래학자 앨빈 토플러Alvin Toffler는 "21세기의 문맹은 읽거나 쓰지 못하는 사람이 아니다. 배우지 못하고, 배운 것을 버리지 못하고, 다시 배우지 못하는 사람이다"라고 언급했다. 다시 말하면 끊임없이 학습하지 않는 사람은 미래를 이끌 수 없다고 단언했다.

도전을 장려하는
심리적 안전감

심리적 안전감과 회복탄력성

디지털 시대는 혁신과 실행, 실패가 반복되는 세상이다. 실행-실패-재계획-실행으로 이어지는 반복된 패턴은 조직에 있어 일반화되고 있는 모습이다. 따라서 조직이 함께 혁신에 참여하고 실패가 있더라도 좌절하지 않고 일어서는 것이 중요해졌다.

■ 심리적 안전감과 회복탄력성

이런 실행 - 실패를 반복하기 위해 필요한 역량이 바로 심리적 안전감과 회복탄력성이다. 여기서 말하는 심리적 안전감은 조직의 혁신에 적극적으로 참여하게 만들며, 이런 혁신이 실패할 경우 회복탄력성은 그 실패를 딛고 일어서게 해준다.

심리적 안전감이란

하버드 경영대학원 교수 에이미 에드먼드슨Amy C. Edmondson은 자신의 책 《두려움 없는 조직The Fearless Organization》에서 심리적 안전감Psychological Safety 이란 '구성원이 업무와 관련해 그 어떤 의견을 제기해도 피해나 보복을 당하지 않을 것이라는 믿음'이라고 말한다. 즉 솔직히 말하거나 진실을 보여주어도 부정적인 결과를 받지 않을 것이라는 믿음을 의미하는 것이다. 이런 심리적 안전감은 조직에 자유로운 토론과 참여 문화를 형성해 새로운 혁신과 시도의 동력으로 작용한다.

심리적 안전감이 있고 없고의 차이는 조직이나 자신이 위기에 처했을 때 나타난다. 심리적 안전감이 있는 이들은 위기를 극복해 또 다른 성과로 보답하려 하지만, 그렇지 않은 이들은 성과가 아닌 자신의 생존을 최우선에 두고 노력한다.

혁신은 집단지성을 통해 이루어지는 경우가 많다. 다양한 의견을 수용하고 이를 통합하는 과정에서 혁신이 발전하고 이를 발판삼아 성공으로 이어지게 된다. 심리적 안전감은 이런 측면에서 혁신의 선행조건으로 자리 잡는다. 심리적 안전감이 있어야 다양한 의견이 일어나고 이러한 의견이 수용되어야 이를 통해 혁신과 실행이 완성되는 것이다.

티모시 클락Timothy Clark 박사는 자신의 책《심리적 안전감의 4단계The 4 Stages of Psychological Safety》를 통해 심리적 안전감은 크게 4단계를 거쳐 발전한다고 설명한다.

1단계 통합의 안전감

1단계는 연결과 소속에 대한 인간의 기본적인 욕구의 안전감을 의미한다. 이 단계의 구성원들은 기본적인 소속감을 가진다.

2단계 학습자로서의 안전감

학습자로서의 안전감은 조직에서 구성원들이 배우고 성장할 필요성을 충족하는 단계이다. 이 단계에서는 서로 질문하고 피드백을 주고받으며, 실험하고, 실수하는 학습과정을 통해 구성원들이 학습자로서의 안전감을 느끼게 된다.

3단계 기여자로서의 안전감

이 단계에서 구성원들은 의미 있는 기여를 위해 자신의 기술과 능력을 사용하는 것이 안전하다고 느낀다.

4단계 도전자로서의 안전감

변화하거나 개선할 기회가 있다고 생각할 때 목소리를 높이고 현상 유
지에 도전하는 것까지도 안전하다고 느끼는 단계이다.

심리적 안전감을 가져오는 리더의 CARE 기법

세계 최대 인적자원개발 컨퍼런스 ATD 22[Association for Talent Development 22]
에서 캐서린 매티스[Catherine Mattice]는 〈직장 내 괴롭힘과 공격성 문제해
결[Addressing Workplace Bullying & Aggression]〉이라는 주제 발표에서 심리적 안전감
을 가져오는 리더의 CARE 기법에 대해 소개했다. CARE란 명확성
[Clarity], 자율성[Autonomy], 관계성[Relationship], 공정성[Equity]의 첫 글자를 딴 것으
로 리더가 심리적 안전감을 구축하기 위해서는 이 4가지 요소를 반드
시 고려해야 한다고 말했다.

명확성

심리적 안전감에 있어 명확성은 매우 중요하다. 명확한 커뮤니케이
션은 신뢰 형성에 있어 기본이자 출발점이 된다. 여기서 리더들은 '지
식의 저주[The Curse of Knowledge]'라는 용어를 상기해야 한다. 지식의 저주란
지식이 소통을 어렵게 만들어 더 많이 아는 사람과의 소통이 더 어렵

다는 의미다. 다시 말해 지식이 많은 사람은 커뮤니케이션할 때 다른 사람도 동일한 지식을 가지고 있다고 판단하여 자세한 설명을 생략하고 커뮤니케이션하는 것을 말한다. 타인과 대화할 때 자신도 모르게 타인도 이해하고 있다고 가정하는 것에서 출발하면 안 된다. 최대한 명확하게 설명하면서 상대방과 커뮤니케이션하는 것이 중요하다.

자율성

구성원이 심리적 안전감을 갖게 하는 데 최대한 자율성을 부여하는 것이 필요하다. 자율성이 부여될 때 자발적 참여가 이루어지며, 자발적 참여는 심리적 안전감을 강화시킨다. 캐서린 매티스는 조직 내 69%의 직원은 마이크로 매니징(직원들을 세세하게 관리하는 것)을 통해 이직을 고려하고 있다고 대답했으며, 36%의 직원은 다른 일을 하고 싶어 한다고 말했다. 같은 방향으로 함께 나갈 것이라면 리더들은 임파워먼트(권한위임)를 과감하게 시도하는 것이 중요하다.

관계성

관계성을 말할 때는 공감을 우선적으로 생각해야 한다. 서로의 감정을 공유하는 데서 관계의 질은 좋아지기 때문이다. 공감은 말하는 것이 아니라 들어주는 것이다. 미국 내 한 조사에 의하면 10명 중 7명의 리더는 구성원들에게 지속적으로 공감해주는 것이 어렵다고 말한다. 또한 68%의 CEO는 그들이 보여주는 공감으로 인해 상대적으로 덜 존경받게 될까 두려워하는 반면, 37%의 구성원들만이 그들이 공감받고 있다고 말한다. 이는 구성원과 리더 사이에 공감에 대한 시각차를 보여주고 있는 것이다. 심리적 안전감을 강화하기 위해 관계성을 끌어 올리려면 우선 공감하고 들어주는 것부터 시작하는 것이 필요하다.

공정성

공평성Equality은 모든 사람을 똑같이 다루는 것이지만, 공정성은 각각의 사람들에게 그들의 성공에 필요한 것을 제공하는 것이다. 공정성을 실행함에 있어 사람이 가장 우선이라는 것을 기억해야 한다. 각각의 사람들이 처한 상황을 이해하되 모든 사람에게 똑같이 적용하는 것이 아니라 각각의 사람들에게 적절한 개입을 해주는 것이 공정성이다. 공정성은 사람들에게 상대적으로 차별받지 않는다고 느끼게 한다. 이런 느낌은 심리적 안전감과 조직의 충성심으로 이어진다.

실패에 굴하지 않는 오뚝이 역량
회복탄력성

회복탄력성이란

회복탄력성^{Resilience}이라는 단어 자체는 변형 없이 에너지를 흡수하고
압력을 견뎌내는 금속의 특성에서 유래한다. 조직환경에 회복탄력성
의 의미를 적용하면 심리적, 신체적 기능을 유지하면서 스트레스와
역경을 이겨내는 능력과 프로세스를 뜻하게 된다. 다시 말해 심리적,
물리적, 환경적으로 상당한 스트레스와 변화의 상태를 견뎌낼 수 있
는 능력이라고 볼 수 있다.

사람마다 회복탄력성의 수준은 다르다. 어떤 사람은 불행한 사건이
나 역경에 맞닥뜨렸을 때 부정적인 감정에서 쉽게 헤어 나오지 못하
고 오랫동안 고통스러워한다. 더 심각한 경우 앞으로의 실패가 두려

워 다시 도전할 용기를 내지 못하기도 한다. 반면 어떤 사람은 역경 이후 그 경험을 통해서 예전보다 더 강인해지기도 한다. 힘든 감정을 툭툭 털고 일어나 다음 도전을 준비하는 것이다. 후자는 회복탄력성이 높은 사람으로 상황을 있는 그대로 받아들이고 긍정적인 심리상태를 유지하는 습관을 기반으로 바닥을 치더라도 튀어 오를 수 있는 힘을 갖고 있는 것이다.

인간관계론으로 유명한 작가 데일 카네기^{Dale Carnegie}는 "실패로부터 성공을 만들어라. 좌절과 실패는 성공의 가장 확실한 2가지 발판이다"라고 강조했다. 실제로 크게 성공한 사람들과 기업들이 걸어온 길을 보면 탄탄대로는 거의 없다. 그들은 역경을 현명하게 해석하고 대처하는 다양한 기술을 배워 미래의 역경을 잘 이겨낼 수 있게 되었고 결국에는 큰 성공을 이룬 것이다. 다음은 실패를 딛고 성공을 거둔 사람들의 실패 사례다.

- 월트 디즈니^{Walt Disney}는 지역신문사에서 창의성이 부족하다는 이유로 해고되었으며 그의 첫 사업 또한 파산했다.
- 에이브러햄 링컨^{Abraham Lincoln}은 21살에 사업에 실패했고, 22살에 주 의회 선거에 출마하여 낙선, 34살에 미 하원에 출마하여 낙선, 45살에 미 상원에 출마하여 낙선, 47살에 부통령 지명에 도전했으나 낙선, 49살에 미 상원에 재도전하여 낙선했다.

- 토머스 에디슨^{Thomas Edison}은 수많은 실패를 거듭하고도 이렇게 말했다. "나는 실패한 것이 아니다. 나는 성공하지 못하는 1만 가지 길을 찾은 것뿐이다."
- 페이스북 최고운영책임자이자 최초 여성 이사회 임원인 셰릴 샌드버그 ^{Sheryl Sandberg}는 "나는 우리가 어떤 역경에 직면하든 그에 대비하기 위해 회복탄력성을 기른다고 생각한다. 그리고 우리 모두는 역경에 직면한다" 라고 말했다.

위의 여러 사례에서 볼 수 있듯이 역경 없는 삶은 없다. 때문에 우리 모두는 회복탄력성을 필요로 하고 이를 강조할 수밖에 없다.

회복탄력성의 개발

실패와 스트레스가 보편화된 사회에서 회복탄력성은 성공한 사람들 만의 전유물은 아니다. 현대를 살아가는 모두에게 필요한 필수 역량 인 것이다. 회복탄력성은 타고나는 부분도 있지만 개인적인 개발과 경험을 통해 후천적으로도 충분히 개발될 수 있다. 이런 관점에서 기 업들은 구성원들의 회복탄력성 교육에 적극적으로 나서고 있다.

골드만삭스는 2009년 금융위기를 겪으면서 기업문화에 근본적인 변 화가 필요함을 깨달았다. 직원들은 강압적인 업무환경과 극심한 스트레스에 노출되어 매우 힘든 시기를 보내고 있었다. 이를 감지한 골드만삭스는 사내 웰빙 프로그램을 재설계하기로 결정했다. 직원들이 당면한 스트레스를 무작정 줄이는 데에만 초점을 맞추는 대신, 직원들이 힘든 시기를 스스로 이겨내기 위해 필요한 회복탄력성을 키우도록 하는 데 집중하기로 한 것이다. 그렇다면 여기서 스트레스 관리 능력과 회복탄력성은 어떻게 다를까? 골드만삭스의 직원 복리후생 담당 부사장인 로라 영Laura Young에 따르면 회복탄력성은 스트레스 관리 능력을 포함하는 보다 광범위한 개념으로, 스트레스를 예방하고 해소하는 것까지 포함한다. 로라 영은 미국의 경제전문 뉴스지 〈비즈니스 인사이더Business Insider〉와의 인터뷰를 통해 "골드만삭스에서 회복탄력성이란 건강, 에너지, 준비성, 유연성, 그리고 변화에 적응할 수 있는 능력의 조합을 의미한다"고 설명했다.

골드만삭스는 회사와 직원들이 경쟁적인 환경에서 낙오하지 않고 끝까지 최선을 다하도록 돕기 위해 회복탄력성 향상에 아낌없이 투자하고 있다. 강의와 일대일 코칭 등 다양한 프로그램으로 구성된 회복탄력성 훈련은 현재 전 세계 골드만삭스 사무실에서 일년 내내 이루어진다. 경영자들은 분기별로 회복탄력성 훈련을 받고, 직원들은 목표설정, 장애 극복 및 개인 우선순위 이해를 포함한 문제 등을 위해 현장 회복탄력성 코치의 도움을 받을 수 있다. 또한 2년에 한 번 '회복탄력성 주간'을 제정하여 행복과 같은 주제로 강연회를 개최한다.

글로벌 회계 감사 기업 PwC는 잠재력이 큰 전 세계 리더들을 육성하기 위해 일관된 프로세스를 운영해야 하는 과제를 안고 있었다. PwC는 뛰어난 회복탄력성을 갖춘 사람이 곧 훌륭한 리더가 될 수 있음을 인지하고 회복탄력성과 리더십에 집중하는 3일 동안의 워크숍을 개최했다. 130명의 잠재적인 리더들이 참가하여 워크숍 이후 3개월간 지속되는 회복탄력성 훈련을 받았다. 워크숍은 온라인 모듈과 코칭으로 구성되었으며, 참가자들의 통찰력과 감성지능, 정신건강, 공감능력, 영향력 및 유연한 리더십 스타일을 배양하는 데 초점을 맞추었다. 워크숍 기간 이후 참가자들의 회복탄력성을 측정한 결과, 전반적인 회복탄력성은 평균 22% 향상되었다. 뿐만 아니라 신체활동 39% 증가, 휴식시간 19% 증가, 야근 19% 감소 등 회복탄력성에 영향을 미치는 행동 요인들에도 긍정적인 변화가 나타났다.

그렇다면 회복탄력성이 높은 사람의 특징은 무엇일까? 다음의 4가지로 정리해볼 수 있겠다. 먼저, 회복탄력성이 높은 사람들은 큰 그림 안에서 사안을 바라본다. 그들은 실패를 바라볼 때 큰 그림 속에서 이를 하나의 과정이라 생각한다. 1940년대 초 두 사람이 8,848m의 에베레스트산 정상에 도전했다. 결과는 실패였다. 그러나 그들은 실패에 좌절하지 않았으며 하산하면서 두 사람 중 한 청년이 이렇게 말했다. "에베레스트, 너는 자라지 못한다. 그러나 나는 자랄 것이다! 그리고 반드시 돌아올 것이다." 이 청년은 10년 후 다시 에베레스트산으로 돌아왔다. 그리고 1953년 5월 29일 마침내 등반에 성공했다. 이 사람이 바로 에베레스트산을 최초로 등정한 에드먼드 힐러리[Edmund Percival Hillary]다. 그들은 큰 그림 안에서 실패를 바라보기 때문에 실패하더라도 이를 하나의 과정이라 생각하며 이겨낸다.

둘째, 회복탄력성이 높은 사람은 제한된 긍정성(긍정과 부정 사이에 균형을 이루는 것)을 가지고 있다. 그들은 너무 낙관적이지도 않고 비관적이지도 않다. 그들은 실패에 맞닥뜨렸을 때 현실을 직시할 기회로 본다. 현실을 정확하게 파악하고 자신의 수준이 어디인지를 점검한다. 그리고 이를 바탕으로 다시 도전한다. 실패를 통해 성장하려면 너무 낙관적인 것도 비관적인 것만큼이나 도움이 되지 않는다. 따라서 회복탄력성이 있는 사람들은 제한된 긍정성을 가지고 현실을 직시하며 새로운 도전을 향해 나아간다.

셋째, 회복탄력성이 높은 사람들은 큰 그림을 잘게 쪼개고 이를 바로 시도하고 실행한다. 시도하지 않으면 실패도 없다는 말처럼 이들은 지속적으로 실행하고 실패하며 성장한다. 시도와 실패의 반복이 성장과 성공을 위해 무엇보다 중요하다는 것을 알기 때문이다.

넷째, 회복탄력성이 높은 사람들은 주변에 그들을 도와줄 사람이 있다. 아무리 강철 마인드라 하더라도 모든 실패와 스트레스를 혼자 감당하기에는 무리가 있다. 이들의 주변에는 도와주는 사람들이 있다. 그리고 회복탄력성이 높은 사람들은 주변 사람들을 잘 활용하고 기꺼이 도움을 수용한다.

요약하자면 회복탄력성이 높은 사람들은 크게 보고, 종합적으로 생각하며, 실행력이 있고, 동료를 잘 활용한다는 특징이 있다. 인류 역사상 가장 위대한 사상가들 대부분도 고난을 이겨내며 위대한 업적을 세웠다. 사마천司馬遷은 신체적으로 중한 형을 당한 후 《사기史記》를 썼고, 존 번연John Bunyan은 감옥에서 《천로역정The Pilgrim's Progress》을 저술했다. 한 연구에 의하면 프랭클린 루스벨트, 아이슈타인, 헬렌 켈러 등 300명의 위대한 인물 가운데 1/4은 시각 장애, 청각 장애, 소아마비 등 신체적 장애를 갖고 있었다고 한다. 나머지 3/4도 가난과 불우한 환경 속에서 성장한 사람들이 대부분이었다.

사회가 복잡해지고 혼란스러워질수록 실패와 스트레스를 이겨내는 회복탄력성은 더욱 중요해지고 있다. 회복탄력성은 선천적으로 타고난 부분도 있지만 훈련과 경험을 통해 충분히 개발될 수 있는 역량이다. 실패를 이겨내고 실행의 원동력이 되는 회복탄력성은 현재를 살아가는 모든 이들에게 반드시 필요한 역량이며, 의도적으로라도 이를 개발해 나갈 필요가 있다.

인공지능이 못하는
소프트 스킬

소프트 스킬의 중요성

유다시티의 창업자이자 인공지능분야 최고 권위자이기도 한 세바스
찬 스런^{Sebastian Thrun} 교수는 3대 MOOC(코세라, 에덱스, 유다시티) 중 하
나인 유다시티를 창업했다. 그는 인공지능을 연구하면서 이 기술이
장차 인류를 위협할 것이라 생각해 교육의 길을 택했다고 한다. 그리
고 이런 이유로 자신의 인공지능 강의를 MOOC를 통해 무료로 공급
하기 시작했다.

인공지능이 인류에 위협이 될 것이라는 세바스찬 스런 교수의 말처
럼, 인공지능으로 인해 일자리에 대한 여러 가지 암울한 전망들이 쏟
아져 나오고 있다. 세계적인 인공지능 학자이자 《인간은 필요 없다

Humans Need Not Apply》의 저자 제리 카플란Jerry Kaplan은 "인공지능의 발전으로 현재 인류 직업의 90%는 로봇이 대체할 것이다"라고 말했다. 글로벌 컨설팅업체 매킨지&컴퍼니McKinsey&Company 역시 2017년에 발간한 보고서에서 2030년까지 자동화로 인해 8억 명에 달하는 노동자들이 실직할 것이라고 전망했다.

인공지능은 인간의 영역을 빠르게 대체하고 있다. 국어, 영어, 수학 등 우리가 배우고, 가르치고 있는 주요 과목들은 인공지능이 훨씬 잘하는 영역이다. 우리가 인공지능과 함께 살아가고자 한다면 우리 인간만의 고유 역량을 기르는 것이 중요하다. 즉 인공지능이 잘하는 부분은 인공지능에 맡기고 개인의 역량 개발은 인공지능이 못하는 부분에 집중할 필요가 있다. 이러한 역량이 바로 소프트 스킬이다.

스킬은 하드 스킬과 소프트 스킬로 나뉘는데, 하드 스킬은 전통적 유형의 스킬로 역할이나 직위에 특화된 스킬이다. 마케팅, 디자인, 크라우드 컴퓨팅, 홍보, 프로그래밍, 비즈니스 분석, 데이터 시각화, 시장조사, 문서작성, 회계 실무 등이 여기에 포함된다. 이러한 하드 스킬은 그 내용이 구체적이고 측정이 용이하다는 특성을 가지고 있다.

반면 소프트 스킬은 다른 사람과 함께 일하고 상호작용하는 방식을 나타내는 대인관계 스킬을 의미한다. 종종 팀워크를 발휘하거나 커뮤니케이션을 잘하는 등 업무를 하면서 또는 다른 사람과의 일상적인 상호 작용을 통해 드러나는 경우가 많다. 이는 하드 스킬과 달리 직접적으로 관찰하기가 어려울 뿐만 아니라 구체적으로 드러나지 않을 때가 많다. 또한 직접적인 훈련보다는 다양한 경험을 통해 습득되는 경향이 있다. 협업능력, 커뮤니케이션 스킬, 갈등해결능력, 창의력, 비판적 사고력, 정서지능, 공감능력, 리더십 등이 대표적인 소프트 스킬이다.

하드 스킬과 소프트 스킬은 모두 중요하다. 하드 스킬의 경우 인공지능으로 대체 가능한 영역과 그렇지 못한 영역이 공존하지만, 소프트 스킬은 대부분 인공지능으로 대체가 불가능한 부분이다. 따라서 개인의 역량 개발을 위해서는 하드 스킬 중 반복적이지 않고 인공지능으로 대체 불가능한 역량의 개발이 필요하며, 앞으로 중요성이 높아지는 소프트 스킬의 경우 역량 개발에 관심을 기울여야 할 것이다.

미래 사회에 꼭 필요한 소프트 스킬 5가지

미래 사회를 위한 개인의 역량 개발에 있어 그 중요도가 높아지고 있는 소프트 스킬은 크게 5가지로 정리해볼 수 있다. 창의력Creativity, 비판적 사고력Critical Thinking, 의사소통 능력Communication, 협업능력Collaboration 이 그것이며, 이 4가지의 앞글자를 따서 4C 역량이라 부른다. 이 4C 역량은 인공지능이 대체하지 못할 역량으로 강조되고 있으며, 여기에 인간만이 할 수 있는 감성 역량을 더한 5가지가 미래 사회 인간만의 고유 역량으로 각광받고 있다.

창의력

다니엘 핑크^{Daniel Pink}는 베스트셀러 《새로운 미래가 온다^{A Whole New Mind}》에서 다음과 같이 설명했다. "지난 몇십 년은 특정한 생각을 가진 특정 부류의 사람들 것이었다. 코드를 짜는 프로그래머, 계약서를 만들어낼 수 있는 변호사, 숫자를 다룰 줄 아는 MBA 졸업생처럼 말이다. 하지만 왕좌의 열쇠는 이제 교체되고 있다. 미래는 아주 다른 생각을 가진 다른 종류의 사람들이 주인공이 될 것이다. 창조하고 공감할 수 있는 사람, 패턴을 인식하고 의미를 만들어 내는 사람들, 예술가, 발명가, 디자이너, 스토리텔러와 같은 사람들, 남을 돌보는 사람, 통합하는 사람, 큰 그림을 생각하는 사람들이 이 사회에서 최고의 부를 보상받을 것이고 기쁨을 누릴 것이다." 그의 말처럼 창의력이 더욱 더 중요한 시대가 다가오고 있다.

최근 각광받는 직업들을 보면 창의적인 영역이 증가하고 있음을 엿볼 수 있다. 유튜브 크리에이터, 웹툰 작가, 안무가, 발명가 등 새로운 영역을 창조해 내는 직업들이 선망의 대상이 되고 있다. 이런 현상은 점점 더 확대될 것으로 보인다. 창의적인 영역은 인간만이 할 수 있는 독보적인 분야이기 때문이다.

협업

협업 또한 인간만이 할 수 있는 역량이다. 기계는 1+1=2가 되지만 인간의 협업은 1+1을 10 이상으로도 만들어 낼 수 있는 역량을 가지고 있다. 산업화 이후 제조업 중심하에서는 개인 단위로 분업화되어 있어 협업의 중요성이 크지 않았다. 하지만 창의와 혁신이 중요한 산업 환경으로 바뀌자 팀 단위나 조직 단위의 협업이 중요해지고 있다. 위키피디아Wikipedia는 누구나 자유롭게 쓸 수 있는 인터넷 백과사전이다. 누구든지 사용자 등록을 하면 내용을 등재하고 변경할 수 있다. 집단 지성과 협업의 장점을 채택한 방식으로 많은 사용자의 검증을 통해 등재된 내용은 시간이 지날수록 올바르고 풍성해진다. 협업을 통해 세계 최고의 백과사전을 만들어 낸 사례다.

협업이 중요한 또 다른 이유는 디지털 환경 속에서의 협업은 자유롭다는 것이다. 인터넷만 연결되어 있으면 얼마든지 협업이 가능하다. 오픈소스를 통해 누구나 참여할 수 있고 피드백을 주고 이를 반영하면서 활발하게 작업할 수 있다. 소프트웨어 개발자들을 위한 오픈소스 플랫폼 서비스인 깃허브GitHub의 경우 소프트웨어 개발자들이 자신이 설계한 소스 코드를 커뮤니티의 개발자들에게 모두 공개한다. 공개된 소스 코드는 공유되어 활용된다. 그리고 이 커뮤니티에 보다 많은 사람들이 모이게 된다. 기존 소스 코드를 업그레이드한 새로운 소스 코드가 만들어지고 또 공유되는 형식으로 계속해서 확장한다. 협업의 힘은 디지털 환경하에서 그 파급력이 강력하다. 이런 이유로 협업이란 역량이 미래 역량으로 강조되는 것이다.

비판적 사고력

엄지 손가락을 제외한 네 손가락으로 물건을 잡으려고 하면 잘 잡히지 않는다. 엄지와 나머지 네 손가락이 결합되었을 때 우리는 물건을 제대로 잡을 수 있다. 우리가 물건을 쉽게 잡을 수 있는 것은 반대쪽에서 엄지손가락이 받쳐 주기 때문이다. 비판적 사고력은 다양한 관점에서 자신이나 타인의 주장을 종합적으로 생각하는 능력이다. 어느 한 가지 현상을 다양한 관점에서 사고할 수 있는 능력은, 복잡하고 애매하며 빠르게 변화하는 지금의 시대를 살아가는 데 꼭 필요한 역량이라 할 수 있다.

비판적 사고력을 높이기 위해서는 다양한 학문을 접하는 것이 필요하다. 인문학이나 예술, 과학 등 다양한 분야의 학문을 접하고 각각의 관점에서 생각해보는 능력을 키우는 것이 비판적 사고력을 높일 수 있는 방법이다.

커뮤니케이션

커뮤니케이션은 개인의 정보, 느낌, 생각, 의견, 감동 등을 언어 또는 비언어로 전달하는 일련의 과정을 말한다. 우리는 커뮤니케이션을 통해 다양한 사람들의 의견을 수용하고, 또 내가 원하는 메시지를 타인에게 전달한다. 이러한 커뮤니케이션 활동은 개인의 역량에서 매우 중요한 요소로 작용하는데, 한 연구 결과에 의하면 기업 내 문제 중 60%가 커뮤니케이션 부재에 따른 것이라고 한다. 또한 우리는 회의나 면담, 보고 등에 있어서 많은 시간을 커뮤니케이션 활동에 할애한다.

163 커뮤니케이션 법칙이란 말이 있다. 상대방과 만날 수 있는 시간이 약 10분 정도라면 인사에 1분, 상대방의 말을 듣는 것에 6분, 그리고 마지막에 자기의 이야기를 하는데 3분, 이렇게 1, 6, 3으로 시간을 배분하라는 것이다. 여기서 특히 주의해야 할 부분은 '자기가 말하는 시간의 2배 이상을 상대방에게 안배한다'는 것이다. 일반적으로 우리는 더 많이 들으려 하지 않고 더 많이 말하려 한다. 하지만 커뮤니케이션에 있어서 더 많이 듣는 것은 상대방의 의도와 현재 상황을 정확하게 파악해 자신이 말하고자 하는 바를 더욱 명확하게 전달할 수 있도록 만들어준다.

데이비드 번즈David D. Burns 펜실베이니아대 교수는 "의사소통에서 당신이 범할 수 있는 최대 실수는 당신의 견해와 감정표현에 우선순위를 두는 것이다. 사람들이 진정으로 원하는 것은 자기 말을 들어 주고 자기를 존중하고 이해해주는 것이다. 당신이 자기 말을 이해하고 있다고 느끼는 순간, 사람들은 당신의 견해를 이해하려는 동기를 부여받는다"라고 말하며 커뮤니케이션에 있어서 경청의 중요성을 강조했다.

사람의 커뮤니케이션과 기계의 커뮤니케이션이 다른 점은 바로 공감하며 대화하는 부분이다. 더불어 커뮤니케이션 중 숨겨진 의미를 파악하는 것은 진정한 커뮤니케이션이며 이는 인간만이 할 수 있는 부분이다.

감성 역량

다음은 베스트셀러 《AI 시대의 일자리 트렌드》(취청, 천웨이 지음, 권용중 옮김, 보아스, 2021)라는 책에 소개된 내용이다.

딜로이트가 2017년에 발표한 영국 노동력 연구 분석 보고서에 따르면, 지난 20년 동안 관심과 배려 관련 일자리가 큰 폭으로 증가했고, 돌봄 분야 종사자 수도 168% 늘었다고 발표했다. 이런 흐름은 코로나19 이후로 더욱 강력해졌고, 사람들은 외로움과 감성적인 어려움을 호소하고 있다.

사회환경이 디지털화되고 개인화되면서 사람들 간의 감성적 교류에 대한 목마름이 더욱 커져가고 있다. 때문에 함께 공감하고 정서적으로 이해해줄 수 있는 감성 역량이 중요해질 것은 자명한 사실이다.

감성 역량이란 자신과 타인의 정서를 이해하고 관리, 통제할 수 있는 기술을 의미한다. 뛰어난 감성지능을 가진 사람은 조직에서의 자기 지각, 동정심, 리더십, 끈기 등을 보유하고 있으며 디지털 시내에 조직 내에서 그 중요성이 더욱 높아지고 있다. 특히 뛰어난 감성지능을 가진 리더는 조직환경을 생산적으로 바꾸고, 부하들에게 동기를 부여하는 데 긍정적인 효과를 발휘한다는 연구 결과가 발표되고 있다.

컴퓨터가 가지지 못한 대표적인 것이 바로 감성이다. 슬픔, 기쁨, 사랑 등은 인간에게는 자연스럽지만 인공지능 로봇은 가질 수 없는 분야이다. 사회가 테크놀러지 기반으로 이동하면 할수록 인간으로서의 감성은 더욱 중요해질 것이다.

타인과 공감하고 이해하며 함께 살아가는 능력은 지금도 중요하지만, 감성이 메말라가는 사회에서는 더욱 더 중요해질 것이다. 감성 역량이 미래의 중요한 능력으로 각광받을 것이기에 우리는 이런 부분의 개인 역량 개발에 초점을 맞춰야 한다.

디지털 역량이
필수가 되는 시대

디지털 역량의 의미

우리는 디지털과 아날로그가 공존하는 시대에 살고 있다. 기존에 존재하지 않았던 디지털은 기업과 개인에게 기회의 땅으로 여겨지고 있다. 새로운 기회를 잡기 위해 기업과 조직은 디지털 전환에 사활을 걸고 있다. 이런 환경에서 우리 개개인에게도 디지털 역량은 매우 중요한 부분으로 자리 잡고 있으므로 그 중요성은 디지털 전환의 속도에 맞춰 더해갈 것이다.

아마존웹서비스가 2022년 근로자 1,000여 명과 고용주 300여 명을 대상으로 조사 발표한 자료에 의하면, 국내 근로자 85%가 직무변화에 대응하기 위해 디지털 역량 강화가 필요하다고 답했다. 그러나 실제 디지털 역량 강화 교육을 준비 중인 기업은 25%에 불과했다. 필요성은 느끼고 있으나 그에 대한 준비는 충분하지 않은 상황이다.

미국 코넬대학교의 발표에 따르면 디지털 역량(디지털 리터러시와 혼용)은 '정보기술과 인터넷을 활용해 콘텐츠를 찾아내고, 평가하고, 공유하고, 창조하는 능력'을 의미하며, 미국 미디어교육학자 루블라와 베일리M. Rubbla&G. Bailey는 '디지털 기술을 사용할 수 있는 능력과 어떻게 활용할지를 알고 있는 능력'이라고 정의하기도 했다.

디지털 역량은 디지털 시대를 살아가는 데 필수 능력이다. 이 역량을 가진 사람은 그렇지 못한 사람에 비해 수백 혹은 수천 배의 정보력과 업무처리 속도를 보여줄 수 있다. 따라서 개인과 기업은 디지털 역량 강화에 집중해 조직과 개인의 역량을 발전시켜 나갈 필요가 있다.

디지털 기술을 활용할 수 있는 능력과 응용할 수 있는 능력
디지털 역량은 크게 2가지로 구성할 수 있는데, 디지털 기술을 활용할 수 있는 역량과 이를 응용할 수 있는 역량이 그것이다. 디지털 기술을 활용할 수 있는 능력은 모바일, PC, 프로그래밍, 센서 등의 기술 이해를 바탕으로 이를 사용하는 것을 의미한다.

디지털 기술을 활용하는 역량에는 기술에 대한 지식이 우선이다. 먼저 디지털 기술에 대한 지식을 학습하고 학습한 바를 바탕으로 활용하며 그 역량을 발전시켜 나간다. 만일 파이썬이라는 프로그래밍에 대한 기술 역량이라 하면 우선 파이썬에 대한 기본 지식을 배우고 이를 업무에 활용하며 역량을 높여갈 수 있다.

반면 디지털을 응용할 수 있는 역량은 활용 역량보다 상위의 개념이다. 디지털 기술의 이해를 바탕으로 언제 어디에 활용할 것인지를 도출해 낼 수 있는 능력이다. 파이썬의 기술을 이해한다면 이를 업무의 어떤 영역에 활용할 것인지 그리고 더 나아가 어디에 활용하면 효과가 있을지에 대해 도출해 내는 역량이다. 이 역량은 디지털의 이해뿐만 아니라 다양한 분야에 대한 깊이 있는 이해를 필요로 한다. 즉 융합적 사고 역량이 필요하다고 할 수 있다. 디지털을 응용하는 역량은 새로운 비즈니스나 기회를 창출할 때, 그리고 새로운 혁신을 만들어 낼 때 중요하게 활용할 수 있는 역량으로, 이런 융합적인 역량을 지속적으로 개발해 나갈 필요가 있다.

디지털 역량을 강화하는 코딩 교육

최근 급격하게 진행되고 있는 인공지능 기술의 발전은 인터넷, 모바일 시대를 지나 인공지능과 함께하는 시대를 예견하고 있다. 지금의 우리 교육에서 영어가 필수 언어로 중요해진 이유는 글로벌 시대로의 도약 때문이다. 지구촌 사회로 변화하면서 글로벌 비즈니스를 위해 외국인과 대화할 수 있는 언어를 습득하는 깃이 중요해졌기 때문이다.

그렇다면 앞으로 인공지능과 함께 살아가기 위해서는 인공지능과 소통할 수 있는 방법을 아는 것이 점점 더 중요해질 것이다. 바야흐로 인공지능 및 컴퓨터를 이해하고 소통할 수 있는 역량이 중요해지고 있는데, 그것이 바로 21세기 라틴어라 불리는 코딩 역량이다. 국어, 영어 역량이 인간과의 커뮤니케이션을 위한 것이었다면 4차 산업혁명 시대에는 인공지능 및 컴퓨터와 대화할 수 있는 언어를 익혀야 한다. 이것이 바로 코딩인 것이다.

코딩 교육은 컴퓨터 프로그래밍 방법을 배우는 것이다. 미야네가 요시미치가 말한 "컴퓨터는 소프트웨어가 없으면 단지 기계 상자에 불과하다"라는 말처럼 코딩은 프로그래밍을 통해 컴퓨터가 움직이는 방법을 설계하는 것이다.

미국 전 대통령 버락 오바마는 미국의 미래로 코딩 교육의 중요성을 강조하면서 "비디오 게임을 구입하는 대신 비디오 게임을 직접 만들어 보세요"라고 말하기도 했다.

최근 디지털 혁명이 진행되면서 크게 성공한 사람들은 프로그래밍 능력을 갖춘 경우가 대부분이다. 마이크로소프트의 빌 게이츠, 페이스북의 마크 저커버그, 애플의 스티브 잡스 등이 좋은 예다.

빌 게이츠는 중학생 시절 프로그래밍을 시작해 고등학생 때는 교통량 데이터를 분석하는 회사를 설립하는 등 프로그래밍 업무에 종사했다. 마크 저커버그도 중학생 때부터 프로그래밍을 배웠으며, 그의 아버지는 이런 시대를 예측하고 저커버그에게 프로그래밍 개인 교사를 붙여준 것으로도 유명하다. 이들은 어린 시절부터 프로그래밍을 배웠으며 컴퓨터의 작동 원리를 이해하고 컴퓨터와 친근한 환경에서 성장했다.

스티브 잡스 또한 자신이 생각하는 과정을 외부로 드러내는 수단으로 프로그래밍을 사용한다고 코딩 교육의 중요성을 강조했다. 그는 단순히 기술로 프로그래밍을 배우는 것이 아니라 프로그래밍을 배움으로써 더 많은 사실을 알게 되고 다양한 가능성을 열어준다고 말했다.

8

워크플로우 러닝
실무자를 위한 5가지 팁

워크플로우 러닝을 추진할 때 우리가 꼭 염두에 두어야 하는 것이 있다. 우선 워크플로우 러닝은 많은 부분이 디지털 환경에서 이루어지기 때문에 자기주도적 학습으로 이루어져야 한다. 따라서 학습자의 자기주도 학습능력이나 환경이 중요하게 작용한다. 둘째, 오프라인 학습의 활용이다. 많은 부분의 워크플로우 러닝이 디지털로 이루어진다 하더라도 오프라인 학습은 여전히 중요하다. 셋째, 워크플로우 러닝의 출발은 성과라는 점이다. 워크플로우 러닝의 궁극적인 목적은 성과다. 따라서 성과로부터 출발하는 것이 중요하다. 넷째, 교육전문가는 가르치는 교육에서 나아가 학습커뮤니티를 통합적으로 관리하는 더욱 중요한 역할로 이동해야 한다. 마지막으로 워크플로우 러닝 실행 시 연 단위, 분기 단위 계획이 아닌 매일 매일의 학습활동에 집중해야 한다. 워크플로우 러닝이 이루어지는 단위는 클래스룸과 달리 매일 매일 학습활동이 일어나기 때문이다.

자기주도 학습능력과
학습격차

디지털 학습의 과제: 학습격차

워크플로우 러닝은 디지털 학습이 많은 부분을 차지한다. 마이크로 러닝, 버추얼 러닝, 러닝 플랫폼, 이러닝 등 대부분 디지털 지원을 받으면서 구현되는 것이다. 디지털 학습의 경우 시공간적 제약 극복, 상대적으로 낮은 비용 등 장점이 많은 것이 사실이지만 반대로 학습자에게 있어서는 클래스룸 교육에 비해 학습몰입이 떨어지고 그에 따른 학습격차가 심화된다는 단점을 가지고 있다.

상위 10% 학생의 경우 디지털이든 오프라인 환경이든 이들의 학습에는 큰 어려움이 없다. 하지만 하위 10% 학생들은 학습에 관심이 없는 경우가 대부분이기 때문에 디지털이든 오프라인이든 학습성취도가 낮은 것이 사실이다. 문제는 중간의 80%에 해당하는 학생들인데, 이들이 디지털 학습환경하에 놓일 경우 점점 하위로 떨어져 학습격차가 심화된다는 것이다. 이는 디지털 학습에서 반드시 극복해야 할 학습격차의 심화현상으로, 디지털 학습의 경우 오프라인보다 학습몰입이 떨어져 이런 현상들이 발생하는 것이다.

이런 측면에서 디지털 학습의 경우 학습자의 자기주도적 학습능력이 중요하다. 클래스룸에서 이루어지는 교육은 교사나 강사의 안내에 따라 가기만 하면 되지만, 디지털 러닝의 경우 스스로 주도적으로 학습해야 하는 환경에 놓이게 된다. 따라서 학습자의 자기주도성이 반드시 필요하다. 워크플로우 러닝을 실현함에 있어 학습자들의 자기주도적 학습을 습관화하는 능력을 키워주는 것이 중요하다 할 수 있겠다.

Want to, Need to, Have to: 학습자의 학습목적

자기주도 학습능력을 길러주는 것 외에 교수자들은 다양한 학습동기 부여나 몰입의 기법들을 활용해야 한다. 앞에서 설명한 학습몰입을 불러 일으키기 위한 PMS^{Personalized, Motivation, Social}(퍼스널라이즈드 러닝, 학습동기 부여, 소셜 러닝) 모형을 활용해 디지털 학습자들의 학습몰입을 도와주어야 학습효과를 극대화할 수 있는 것이다.

워크플로우 러닝을 설계함에 있어 자기주도 학습능력, 학습동기 부여, 학습몰입 등을 고려하기 전 학습자들의 학습목적을 이해하는 것도 필요하다.

학습자들의 학습목적은 크게 3가지로 나눠볼 수 있다. Have to 학습의 경우 의무적으로 해야만 하는 학습이다. 성희롱 예방 교육, 민방위교육 등 의무적으로 이수해야 하는 교육들이다. Need to 학습은 자신의 업무 등에 꼭 필요한 학습을 의미한다. 업무수행에 필요한 파워포인트, 엑셀, 마케팅, 인사노무, 생산관리 등의 교육이 여기에 해당한다. Want to 학습은 자신이 원하는 학습을 말한다. 앞으로 리더가 되기 위한 리더십 교육, 자기계발을 위한 어학교육 및 자격증교육, 직무전환을 위한 직무교육 등이 여기에 해당한다.

이러한 학습목적에 맞게 학습을 설계하는 것이 필요한데, Have to 학

■ Have to, Need to, Want to

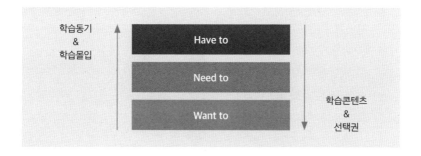

습자로 갈수록 이들의 학습동기와 몰입은 상대적으로 부족하다. 따라서 학습설계 시 이부분을 고려해 학습동기 요소와 학습몰입 요소를 가미하는 것이 필요하다. 반면 Want to의 학습자로 갈수록 학습을 원하는 그룹이다. 이들은 학습동기와 몰입이 충분히 되어 있는 경우가 많다. 따라서 이들에게는 환경을 제공하고 스스로 학습할 수 있도록 지원하는 것이 필요하다. 학습콘텐츠를 제공하고 이들에게 선택권을 제공할 때 Want to 학습자들은 충분한 지원을 받고 있다고 생각할 것이다.

교육이 필요한 순간의 자기주도 학습환경 구축

자기주도 학습환경이란 적시에 적합한 학습을 제공하는 환경을 의미

■ 자기주도 학습환경

자기주도 학습환경: 적시에, 적합한 학습환경 제공

적시에 접근 가능한(24/7 상시 학습환경)	'교육이 필요한 순간' 중심의 학습	
• 언제, 어디서나 학습이 가능한 환경 • 68%의 밀레니얼은 온라인 학습이 효과적이라 말함 • 75% 이상이 모바일 러닝이 편리하고, 시간이 절약된다고 말함	1 처음 배울 때 2 더 배우고자 할 때 3 적용하고자 할 때 4 일이 잘못되어 갈 때 5 변화가 필요할 때	학습자의 필요 단계에 따라 적절한 개입이 이루어지는 것 의미

한다. 이는 워크플로우 러닝의 실행에 있어 반드시 필요한 핵심 사항이다. 학습자들은 이제 교실에서만 학습하지 않고 24시간, 일주일 내내 학습사이트에 접속해 학습하고자 한다. 또한 학습자의 75% 이상은 모바일이 편리하고, 밀레니얼 세대의 68%는 온라인 학습이 효과적이라 말하고 있다. 언제 어디서든 접속할 수 있는 디지털 기반의 자기주도 학습환경이 꼭 필요한 이유라 할 수 있다.

학습전략가 밥 모셔Bob Mosher와 콘래드 갓프레드슨Conrad Gottfredson이 강조한 '교육이 필요한 순간Moment of Need' 이론은 자기주도 학습환경을 구축할 때 가이드가 된다. 여기서 말하는 '교육이 필요한 순간'은 학습자의 필요에 따라 적합한 학습을 제공하는 지침이 되기 때문이다. 이 이론은 교육이 필요한 시점을 의미하는데, 학습자들은 처음 배울 때, 더 배우고자 할 때, 적용하려 할 때, 무언가 문제가 생겼을 때, 큰 변화가 필요할 때 교육을 찾는다고 말한다.

다음의 그림은 자기주도 학습환경을 학습자의 필요 순간에 따라 설계한 것이다. 하위영역의 필요에 대해서는 버추얼 러닝, 이러닝 등을 통한 학습을 제공한다. 상위영역의 필요로 올라갈수록 학습커뮤니티, 화상 코칭, 전문가 연결, 전문 컨설팅 연결 등 적합한 사람과의 연결을 통해 교육이 필요한 순간을 해결하도록 설계한 것이다. 즉 하위영역의 경우 디지털 콘텐츠와 챗봇으로 자동화 및 기본 환경을 구축해

■ 교육이 필요한 순간

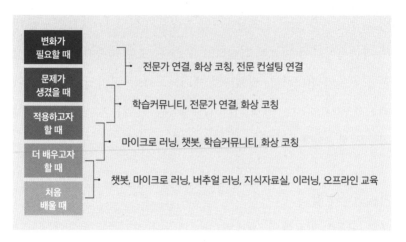

주고, 상위영역의 경우 디지털 플랫폼을 통해 사람과 사람을 연결하는 방향으로 볼 수 있다. MZ 세대는 회사를 선택하거나 떠나는 이유 1순위로 자신의 성장기회를 꼽고 있다. 그들에게 본인의 성장은 매우 중요한 요건이다. 자기주도 학습환경의 구축은 이들의 필요를 해결하고 더 나아가 개인의 성장을 통한 조직의 성장을 이루는데 꼭 필요한 부분이다.

오프라인 학습은
여전히 중요하다

오프라인 학습의 중요성

워크플로우 러닝과 디지털 러닝의 중요성 증가로 오프라인 학습이 과거에 비해 비중이 줄어든 것은 사실이다. 하지만 오프라인 학습은 다양한 학습방법 중 가장 효과적인 방법인 것 또한 사실이다. 학습몰입의 측면이나 교육효과 측면에서 디지털 학습방식에 비해 우위를 점한다고 할 수 있다. 하지만 재택근무 환경이나 디지털의 일반화 그리고 학습자들의 디지털 방식 선호도 증가로 인해 교육전문가들은 오프라인 학습의 비중을 줄여 나가기를 강력하게 요구받고 있다. 이런 시점에는 어떻게 오프라인 학습에 접근하는 것이 좋을지에 대한 고민이 따른다. 오프라인 교육의 중요성과 학습효과가 높은 반면 이에 대한 비중은 늘릴 수 없는 상황인 것이다.

그렇다면 오프라인 교육의 학습효과는 극대화하고 비중은 줄이면서 도 전체 교육효과를 극대화할 수 있는 방법은 없을까? 우리는 존 버그만Jon Bergmann의 플립 러닝 접근방식에서 그 해법을 찾아낼 수 있다.

플립 러닝에서 플립Flip은 '뒤집다'라는 뜻으로 기존 교육방식을 뒤집는 교육이라는 의미다. 즉 전통적인 교육이 교실에서 강의를 통해 학습하고 집에서 하는 숙제를 통해 실천학습을 했다면, 플립 러닝은 강의는 온라인으로 집에서 사전에 학습하고, 교실에서는 동료, 교사와 함께 실천학습을 진행하는 것이다. 플립 러닝을 다르게 'Flipped classroom(거꾸로교실)'이라 부른다. 그러니까 교실수업이 강의중심에서 실습중심으로 바뀐 부분을 강조한 말이라 할 수 있다.

플립 러닝의 확산은 미국 시골의 한 과학 교사로부터 출발했다. 우드랜드 파크의 고등학교 교사인 존 버그만과 애론 샘즈Aaron Sams는 과학 교과에 플립 러닝을 접목해 보았는데 많은 교육효과를 보았다. 그들은 자신들이 실제 적용한 내용과 이론적 기반의 내용을 책으로 엮어 출간했는데, 이 책이 미국 전역에 엄청난 파장을 일으키면서 플립 러닝은 교육계에 뜨거운 키워드로 등장했다.

그렇다면 플립 러닝의 출발은 무엇일까? 플립 러닝이 출발한 가장 핵심 질문, 즉 단 하나의 질문은 이것이었다. 이 질문의 답이 플립 러닝의 철학이 되는 부분이기도 하다.

"학생과 얼굴을 맞대고 시간을 보내는 가장 좋은 방법은 무엇일까요?"

이 질문은 오프라인 교육이 중요한 만큼 이를 가장 효과적이면서 최상으로 활용할 수 있는 방법은 무엇인가에 대한 질문이다. 오프라인 교실에 함께 모이는 것은 모든 사람의 시간과 공간적 효율성 및 효과성을 고려할 때 매우 중요한 부분인데, 이 시간을 최상으로 활용할 수 있는 방법에 대한 고민으로 플립 러닝은 출발한 것이다.

고민 끝에 면대면 학습인 오프라인 교육에서는 가장 중요한 일을 하고, 그렇지 않은 활동은 온라인으로 대체하자는 것이 플립 러닝의 출발이다. 이런 기본 철학으로 출발한 까닭에 강의식 수업은 얼마든지 온라인으로 대체할 수 있으니 오프라인 교육에서는 함께 협력하고 토론하는 실습중심의 학습으로 구성되었다.

'온라인 이론학습 + 오프라인 실천학습'이라는 플립 러닝 구조는 이러한 연유로 등장하게 된 것이다. 다시 말하면 과거에는 오프라인으로 강의중심의 이론학습을 하고, 집에서는 실습중심의 학습을 진행했다면 이것을 뒤집어 flipped 집에서는 온라인으로 이론학습을 진행하고, 교실에서는 상호 토론하고 협력하는 실천학습을 수행하게 된 것이다.

■ 학습효과 피라미드

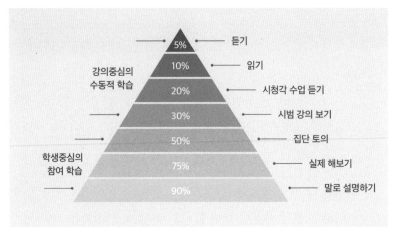

출처 NTL(National Training Laboratory)

플립 러닝은 이론적으로도 충분한 근거를 가지고 있는데, 그중 첫 번째가 미국 비영리교육단체 NTL[National Training Laboratory]이 제시한 학습효과 피라미드에 근거한다. 학습효과적인 측면에서 들으면 5%, 읽으면 10%를 하루가 지나도 기억한다고 한다. 시청각 자료를 보고, 실습해 보고, 직접 설명해 보면 그 효과는 더욱 증가하게 된다. 다시 말해 듣기만 하는 수업은 하루가 지나면 95% 내용이 잊혀지지만 직접 말로 설명해 보면 90%의 내용을 기억할 수 있다. 이런 학습효과적인 측면에서 플립 러닝은 모두가 모이는 가장 중요한 시간인 교실수업에 보다 높은 효과를 거둘 수 있는 토론하고 상호 설명해 보고 실습하는 것에 집중하게 된다. 학습효과가 낮은 학습방법은 각자의 수준에 맞게 온라인상에서 듣고 읽고 복습하면 되는 것이다.

두 번째 이론적 근거는 벤저민 블룸Benjamin S. Bloom의 텍소노미Taxonomy(학습목표의 분류)에 근거한다. 텍소노미에 따르면 지식을 쌓고 이해하는 하위목표부터 분석하고 종합하고 평가하는 상위목표까지가 있는데, 플립 러닝은 하위목표는 온라인상에서 스스로 학습하게 하고, 모두가 교실에 모여서는 분석하고 종합하고 평가해 보는 데 집중하자는 것이다. 요컨대 플립 러닝은 교육효과성이나 교육목표 측면에서 보다 효과적이면서도 상위목표를 달성하기 위한 방법이다. 디지털 기술을 이용해 학습효과가 낮은 부분과 하위목표는 스스로 학습하게 하고, 모두가 모이는 교실에서의 수업을 훨씬 더 효과적이고 의미 있게 구성한 수업방식이라 하겠다.

■ 학습목표의 위계

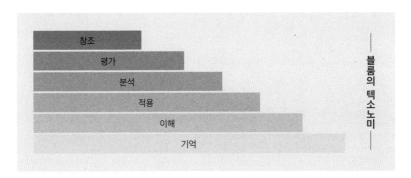

꼭 필요한 오프라인 교육 걸러내기

오프라인 교육의 꼭 필요한 부분을 남기고 나머지 부분을 디지털화하는 것이 디지털 러닝과 워크플로우 러닝 설계의 출발점이다. 학습자가 오프라인상에서 꼭 배워야 하는 것은 오프라인 학습으로 남겨 두어야 한다. 이를 통해 오프라인 교육 및 전체 교육프로그램의 효과를 극대화할 수 있다.

다음의 그림은 문제해결 역량과 관련된 학습커리큘럼이다. 여기서는 오프라인으로 진행할 핵심 부분을 걸러내는 작업이 필요하다. 앞에서 설명한 플립 러닝의 철학을 적용해 오프라인과 디지털 학습을 나누는 것에 대해 설명하고 있다. 학습방식이 효과적이지 않은 부분(강의,

■ 디지털과 오프라인 교육 구분 설계 사례

커리큘럼	교육방식 (교육효과 측면)	학습목표 (상위효과 측면)	디지털 학습전환 방식
문제해결의 이해	강의	기억, 이해	마이크로 러닝
문제해결의 기본 사고	강의	기억, 이해	마이크로 러닝
MECE와 로직트리	워크시트 실습	이해	버추얼 러닝
문제해결 프로세스의 이해	강의	기억, 이해	버추얼 러닝
문제해결 프로세스의 실습	실습 및 프레젠테이션	적용	오프라인 프로그램
창의적 문제해결의 이해	강의	기억, 이해	버추얼 러닝
창의적 문제해결의 실습	그룹 토의	적용, 분석	오프라인 프로그램

듣기 수업, 읽기 수업 등)은 디지털 학습으로 전환하고, 하위 학습목표 (기억, 이해)에 해당하는 부분 또한 디지털 학습방식으로 전환하는 것이다. 반면 학습방식이 효과적이고 상위 학습목표의 프로그램은 오프라인 프로그램으로 남겨 두는 것이다. 앞의 그림에서 보면 문제해결 프로세스 실습은 교육방식이 효과적이고(실습, 프레젠테이션) 상위 학습목표(적용)에 해당하는 부분이다. 또한 창의적 문제해결 실습도 교육방식이 효과적이고(그룹 토의) 상위 학습목표(적용, 분석)에 해당한다. 해당 그림에서는 이 두 커리큘럼만 오프라인으로 남겨두는 것이다. 꼭 필요한 오프라인 교육을 남겨두고 나머지는 디지털로 전환하여 교육의 효율성과 효과를 극대화하는 과정이다. 이런 과정을 통해 전체 학습효과는 줄어들지 않게 하면서 디지털과 오프라인 각각의 장점을 극대화할 수 있다.

워크플로우 러닝의 출발,
성과

워크플로우 러닝의 출발과 끝: 성과

조직은 성과를 위해 존재한다. 더 높은 성과를 얻기 위해 각기 다른 사람이 모여서 조직을 이루고 성과라는 목표하에 조직이 운영된다. 조직 내 교육 또한 인사제도, 평가제도, 지원시스템과 마찬가지로 성과를 지원하는 주요한 툴로 활용된다. 조직과 기업에 연수원이 만들어지거나 교육프로그램이 운영되는 것도 궁극적으로는 조직 구성원의 성장을 통해 조직 성과를 극대화하기 위함이다. 워크플로우 러닝 또한 조직 성과를 지원하는 툴로서 의미가 있다. 따라서 워크플로우 러닝이 지향하는 바는 궁극적으로 조직의 성과이며 성과로부터 출발해야 한다.

교육프로그램을 설계할 때 학습목표에 매몰되는 경우가 있다. 워크플로우 러닝의 궁극적 목적이 성과이기에 학습목표 위에 성과목표가 있음을 기억해야 한다. 조직의 세일즈 성과 향상을 위해 세일즈 교육을 실행한다면, 세일즈 교육이라는 교육목표 위에 조직의 세일즈 성과 향상이라는 조직목표가 학습목표에 충분히 반영될 수 있어야 한다.

워크플로우 러닝은 성과에서 출발한다. 예를 들어 '상담사들의 아웃바운드 콜 일 평균 20회 달성'이라는 조직의 성과목표가 있다고 가정하자. 여기에 필요한 부분은 아웃바운드 콜에 대한 이해, 전화상담 스킬 교육이 있을 수 있고, 상담 매뉴얼의 이해, 상담시스템 활용, 친절 마인드 향상 등 조직 성과를 달성하기 위해 많은 부분이 필요할 것이다. 이를 워크플로우 러닝에 적용하기 위해서는 우선 상담사들의 업무를 분석해 나가야 한다. 상담사들은 시스템 전원을 켜는 것으로 일상을 시작해 전원을 끄는 것으로 업무를 마무리 한다고 가정하자. 그렇다면 워크플로우 러닝의 가장 좋은 채널은 이 시스템 속으로 교육 및 성과지원 툴을 통합시키는 것이다. 상담사들이 콜을 할 때 상황에 맞게 시스템에 매뉴얼이 오픈되어 참조할 수 있도록 만들어주고, 이에 대한 심화학습이 필요하다면 사내 이러닝 시스템과 연계해 온라인 강의를 들을 수 있게 해주는 것이다. 시스템 활용의 문의사항에 대해서는 시스템 내 Q&A 채널을 개설해 이들의 업무를 지원할 수 있다. 워크플로우 러닝에 접근할 때 그들의 성과와 업무환경을 고려하는 것은 워크플로우 러닝의 효과를 높일 수 있는 가장 좋은 방법이라는 것을 염두에 두어야 한다.

성과로 이어지는 워크플로우 러닝: 학습강화와 학습전이

교육을 아무리 잘 받았다고 해도 그것이 성과로 이어지는 경우는 많지 않다. 일반적으로 학습전문가들은 학습전이(학습이 실행으로 이어지는 것)의 비율을 15~20%로 보고 있다. 그러한 원인은 학습한 내용이 성과로 이어지기 위해서는 학습내용을 잘 기억해야 하는데 인간은 망각의 동물이라 그것을 금세 잊어버리기 때문이다. 또 기억을 했다 하더라도 이를 실행하는 것은 또 다른 문제이다.

학습이 실행과 성과로 이어지는 과정 속에서 꼭 필요한 과정이 학습강화Learning Reinforcement와 학습전이Learning Transfer다. 여기서 말하는 학습강화는 학습한 내용을 기억하게 만들어주고, 학습전이는 학습하고 기억한 내용을 실행할 수 있도록 해준다. 예를 들어 우리가 리더십 교육을 받았고 해당 내용 중 구성원의 이야기를 경청하는 방법에 대해 배웠다고 하자. 일반적으로 교육을 받을 때는 크게 공감하지만 현장으로 돌아와 몇 주의 시간이 흐르면 다 잊어버리게 된다. 이런 기억을 유지하게 만드는 것이 학습강화다. 앞의 예를 활용하면 경청하는 법에 대한 요약 내용을 모바일 또는 메일로 보내주어 배운 내용을 계속 기억하

■ 학습강화와 학습전이

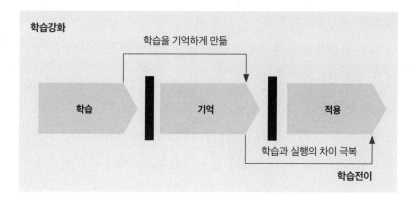

게 만드는 것이다. 하지만 학습강화를 통해 배운 내용을 기억하더라도 실제 실행은 어렵다. 학습전이를 통해 배우고 기억한 내용을 실행해 옮기도록 해야 한다. 예를 들면 모바일로 '직원 한 분과 면담을 통해 경청한 내용을 3가지로 요약해보세요'라는 미션을 보내 실제 실천하게 만든다면 배운 내용의 학습전이가 일어나도록 유도할 수 있다.

섀넌 팁톤Shannon Tipton은 ATD 21 컨퍼런스의 〈학습강화를 위한 비전통적인 방법인 드립, 봇 및 블로그Drips, Bots and Blogs, Non-Traditional Methods for Learning Reinforcement〉 세션에서 학습강화를 설계하는 6가지 단계에 대해 발표했는데, 이에 대해 소개하면 다음과 같다.

9주 동안 학습강화 프로그램을 구성하는 과정을 사례로 든다. 총 6단계 과정을 거쳐 설계하는데 1단계는 학습내용을 서술하는 단계이다. 사례에서는 세일즈 협상이라는 주제를 명기한다. 2단계는 학습강화를 위한 학습목표를 작성하는 단계이다. 학습한 내용 중 꼭 기억해야 하는 것을 분류하는 단계이다. 고객의 고충을 도출하는 방법, 가치를 수량화하는 방법, 감성지능과 함께 리딩하는 방법 등 강화를 위한 학습목표로 도출하였다. 3단계에서는 관련된 학습강화를 위한 리소스를 확보하는 방법이다. 고객의 고충을 도출하는 방법을 기억하게 만

■ 학습강화를 위한 6단계 1

출처 ATD 21 "Drips, Bots and Blogs, Non-Traditional Methods for Learning Reinforcement", Shannon Tipton

■ 학습강화를 위한 6단계 2

날짜	주제	참고 아이템
Week 1	2.1	3.1.1
Week 2	2.2	3.2.1
Week 3	2.3	3.3.1
Week 4	2.1	3.1.2
Week 5	2.2	3.2.2
Week 6	2.3	3.3.2
Week 7	2.1	3.1.3
Week 8	2.2	3.2.3
Week 9	2.3	3.3.3

❹ **피드백이 필요한지에 대한 구분**

Yes   No

❺ **피드백의 구성**
피드백 필요 여부에 따른 방법 설정

❻ **어떤 툴이나 채널로 제공할 것인지 결정**

드는 콘텐츠 리스트를 작성하는 것이다. 사례에서는 비디오, 스크립트, 10가지 제품의 특징 및 효익에 대한 내용들을 도출했다.

4단계에서는 피드백이 필요한지에 대해 확인하는 과정이다. 학습강화를 위한 콘텐츠를 제공하면서 추가적인 피드백을 제공해야 하는지 확인하는 과정이다. 사례에서는 필요 없다고 소개되었다. 5단계는 피드백이 필요한 경우 피드백을 어떤 방법으로 할지 결정하는 단계이다. 마지막 6단계는 학습강화 내용을 어떤 채널을 통해 제공할 것인지 결정하는 단계이다. 사례는 영업사원이 많이 활용하는 협업 툴 슬랙Slack을 통해 제공하겠다고 결론 지었다.

이런 과정을 거쳐 9주 동안 주별로 어떤 콘텐츠를 제공해 학습자들의 학습을 강화할지 스케줄이 나오면 모든 단계가 끝나는 것이다.

워크플로우 러닝의 핵심은 성과이다. 성과로부터 출발하도록 설계해야 하며, 워크플로우 러닝을 실행할 때도 최종적으로 연계되는 부분은 성과로 이어지도록 만들어야 한다. 이렇게 성과를 중심에 둘 때 그 의미를 더하게 되고 조직에서 핵심 툴로 인정받게 되기 때문이다.

학습커뮤니티 매니저로서의 역할

스스로 배우고 함께 성장하는 학습자

"아이들에게 배우는 법을 가르칠 필요는 없다."《탁월한 기업의 조건 Excellence Now》의 저자이자 현대 경영의 구루로 꼽히는 톰 피터스Tom Peters 의 말이다.

세계적인 교육학자 수가타 미트라Sugata Mitra의 연구는 '문명과는 떨어져 사는 시골 마을 아이들에게 컴퓨터라는 것을 선물해주면 어떨까?' 라는 질문에서 출발했다. 그렇게 〈벽 속의 구멍Hole in the wall〉이라는 이름의 프로젝트는 시작되었다. 문명과 떨어져 사는 마을 벽 속에 구멍을 뚫고 컴퓨터를 설치한 후 아이들이 컴퓨터를 통해 배워 나가는 과정을 관찰했다. 컴퓨터를 설치하고 수개월 뒤 그가 본 것은 실로 놀라운 결과였다. 아이들은 서로 의논하며 컴퓨터 게임을 즐기고 있었다. 아무도 컴퓨터 게임이 있다는 것을 가르쳐주지 않았고, 게다가 영어도 모르는 인도의 시골 마을 아이들이 스스로 컴퓨터 조작법을 익히고 매뉴얼까지 읽을 수 있게 된 것이다. 심지어는 "게임을 하려면 빠른 프로세스와 더 좋은 마우스가 필요해요"라고 말하는 아이들도 있었다. 수가타 미트라는 이 마을에만 그치지 않고 다른 여러 마을에서 같은 실험을 했지만 결과는 동일했다. 아이들은 어른들의 가르침 없이 스스로 학습하고 공유하며 컴퓨터 사용법을 익혔다.

인문학자 구본권이 쓴 책《공부의 미래》에서는 다음과 같은 사례를 소개하고 있다. 에디슨은 '교육용 영화'라는 발명품을 내놓았지만 실패했다. 실제로 여러 지식인이 이 발명품의 실패를 예측했다. 가장 주목할만한 인물은 교육학자 존 듀이다. 존 듀이는 아이들이 실제 현장에서 직접 해보며 상호작용하는 학습에서 가장 잘 배운다는 점에 주목하면서, 교육용 영화가 기발하기는 하지만 실용성이 떨어진다고 주장했다. 영화로 학습내용을 보고 앉아 있는 것은 교사가 직접 가르치는 내용을 듣고 앉아 있는 것과 별반 다르지 않다고 생각했다. 진정한 학습은 수동적인 관찰이 아니라 능동적인 참여가 필요한 사회적이고 상호작용하는 과정이라고 주장했다.

인간은 스스로 학습할 수 있는 능력을 가지고 태어났다. 따라서 함께 배우며 성장한다. 산업화 이후로 시작된 교사 또는 강사의 일방향 교육은 산업화 시대에는 효과적이었지만 지금의 디지털 시대에는 그 한계에 놓여 있다. 하지만 아직도 학교를 비롯한 많은 곳에서 일방향의 강의식 수업은 교육의 주력 방식으로 사용되고 있다.

학습커뮤니티 매니저

근대화 이후 우리는 스스로 학습하는 능력과 서로 공유하며 성장하는 상호작용을 등한시 해왔다. 산업화 이후 표준화된 시대에서는 표준화된 콘텐츠의 습득이 중요했으며 그 콘텐츠는 학교나 연수원에서만 접할 수 있었다. 하지만 지금은 유튜브나 인터넷을 통해 얼마든지 더 많은 지식을 접할 수 있다. 또한 지식의 속도가 매우 빨라져 새로운 콘텐츠를 지속적으로 학습해야 하는 시대에 살고 있다.

산업화 시대에 교육전문가의 역할은 가르치는 역할이었다. 하지만 유튜브와 인터넷이 이 역할을 대체하고 있는 현 시점에서 가르치는 전문가 역할은 그 수명이 다했다고 볼 수 있다. 그렇다면 교육전문가는 어떤 역할을 해야 하는 것일까?

"진정한 학습은 수동적인 관찰이 아니라 능동적인 참여가 필요한 사회적이고 상호작용하는 과정"이라는 존 듀이의 말에 주목해야 한다. 가르치는 것이 아니라 진정한 학습이 일어나도록 촉진하는 역할이 새로운 시대 교육전문가의 역할이다. 이 역할은 가르치는 일보다 훨씬 포괄적이고 더욱 중요한 역할의 의미를 갖는다. 단순한 콘텐츠 전달에서 학습커뮤니티를 종합적으로 이끌어가는 역할을 의미하는 것이다.

교육전문가는 그동안의 가르치는 역할에서 벗어나 이제는 학습커뮤니티 매니저로서의 역할로 옮겨가야 한다. 기존에는 콘텐츠 개발자였다면 지금은 콘텐츠 큐레이터로의 변화를 꾀해야 하는 것이다. 디지털 시대의 학습환경에서 학습자들은 콘텐츠를 직접 만들기보다 올바르고 적합한 콘텐츠를 큐레이션하는 역할을 요구하고 있다. 또한 프로그램 관리자에서 상호작용 촉진자로의 변화가 필요하다. 프로그램 시간표를 짜고 프로그램을 수행하는 역할에서 학습자와 학습자, 학습자와 교강사의 상호작용이 활발하게 일어나 배움의 깊이와 넓이를 확

■ 미래 교육전문가의 역할

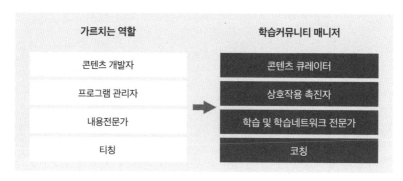

장하는 역할을 해 나가야 한다. 더불어 과거에는 내용전문가로서의 역할이 중요했다면 이제는 학습전문가로서 학습네트워크 전문가 역할을 통해 자신이 모든 프로그램을 제공하기보다는 네트워크를 통해 다양한 전문가를 참여시키며 학습커뮤니티를 넓혀 가는 것이 중요하다. 마지막으로 티칭에서 코칭으로 그 영역을 옮겨가야 한다. 처음부터 끝까지 떠먹여주는 교육이 아니라 적절한 시기에 방법을 알려주는, 즉 물고기를 잡아주는 것이 아니라 잡는 방법을 알려주는 교육전문가의 역할로 변화해야 한다.

교육전문가로서 에듀테크에 접근하는 방법

워크플로우 러닝하에서 교육전문가는 기존의 가르치는 역할에서 벗어나 보다 큰 역할인 학습커뮤니티 매니저로 이동해야 한다. 그렇다면 이런 역할을 바탕으로 에듀테크 기술을 적용함에 있어 어떤 점을 유의해야 할까?

우선 에듀테크는 교육이 먼저라는 가치를 기억해야 할 것이다. 흔히 테크에 교육을 맞추는 경우가 있다. 하지만 테크는 교육을 지원할 뿐이라는 것을 염두에 두어야 한다. 교육효과를 극대화하기 위해 필요한 기술을 찾고 그 기술을 활용하면 되는 것이다. 에듀테크를 적용할 때 기술보다는 학습자와 학습목표를 먼저 고려하는 것이 중요하다.

기술을 교육보다 우선할 때 자칫 학습자가 아닌 CEO나 기관장을 위한 교육이 되는 경우가 있다. 거창한 VR 시뮬레이션 교육프로그램을 야심차게 만든다. 하지만 실제 학습자들에게는 활용되지 않고 전시 형태의 프로그램이 되는 경우가 그러한 것이다. 에듀테크는 결국 학습자를 향해야 한다. 따라서 에듀테크 기술을 활용할 때는 학습자에게 맞는 기술을 적용하는 것이 필요하다.

두 번째는 에듀테크의 활용도 결국 사람이 한다는 것이다. 에듀테크 기술은 동일한데 교육성과가 크게 차이나는 경우가 있다. 이는 결국 기술을 활용하는 사람의 차이일 때가 많다. 활이 중요한 것이 아니라 궁수가 중요한 것이다. 기술이 아무리 훌륭해도 그 기술을 활용하는 교육담당자가 감당하지 못한다면 쓸모 없는 기술에 불과할 것이다. 따라서 교육담당자의 기술 활용 역량을 높이는 것이 중요하다.

에듀테크는 교육담당자를 대체하는 것이 아니다. 그들을 도와 그들의 역량과 전체적인 교육을 업그레이드시켜 준다. 아이언맨에게 하늘을 나는 수트와 인공지능 비서 자비스가 없었다면 그는 영웅이 아니라 일반인에 불과했을 것이다. 에듀테크와 교육담당자의 관계도 마찬가지다. 에듀테크는 교육담당자의 능력을 높여주는 조력자 역할을 한다. 따라서 에듀테크 기술을 적극적으로 활용한다면 담당자의 역량도 조직의 교육위상도 더욱 높아질 것이다.

연 단위가 아닌
매주, 매일의 학습에 집중하라

연 단위 교육계획의 출발점

조직의 교육담당자들은 중장기 교육계획을 세우고, 이를 기반으로 매년 연 단위 교육계획을 수립한다. 연 단위 교육계획을 바탕으로 분기 단위 교육계획과 월 단위 교육계획을 수정하기도 한다. 이렇게 수립된 계획하에 교육프로그램을 기획-개발-운영하는 것이 교육담당자들의 주요 업무다.

연 단위 교육계획 수립의 기본 가정은 클래스룸에서의 교육이다. 연수원이나 교육장은 장소가 한정적이기 때문에 연 단위 또는 분기 단위의 계획에 따라 장소 배분이 이루어져야 한다. 또한 강사와 교재 등도 마찬가지라 연 단위 또는 분기 단위의 계획이 필요하다. 따라서 연

■ 클래스룸 기반의 교육업무와 워크플로우 기반의 교육업무

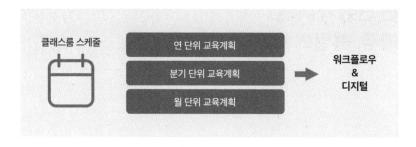

단위 교육계획이라는 부분은 교육장 배분을 위해서 뿐만 아니라 제한된 예산을 배분하기 위해서라도 꼭 필요한 과정이었다.

하지만 클래스룸에서 워크플로우와 디지털로 교육환경이 변화하는 상황에 연 단위 교육계획이나 분기 단위의 교육계획이 과연 중요한 것일까? 결론부터 말하자면 필요한 부분이 있긴 하지만 워크플로우 러닝하에서는 그 중요성이 덜해졌다고 할 수 있다. 그 이유는 바로 학습자의 입장에서 찾을 수 있다. 학습자의 입장에서 연 단위 교육계획이나 분기 단위의 교육계획은 기간이 너무 길다. 그들은 매일의 업무 과정에서 새로운 콘텐츠를 서칭하고 학습한다. 빠르게 변화하는 비즈니스 환경은 학습자에게 연 단위 교육계획은 너무나 먼 이야기다. 학습자들에게는 매일의 필요한 학습, 매주의 필요한 학습이 더욱 급하고 간절하다.

주 단위, 일 단위 학습에 집중하라

아래의 그림은 워크플로우 안에서 어떻게 학습이 이루어지는지를 보여주고 있다. 자기주도적으로 이루어지는 학습과 교육담당 부서 주도로 이루어지는 학습을 보여주는 것이다.

학습자 주도로 이루어지는 학습은 일 단위, 주 단위, 월 단위, 분기 단위, 연 단위로 다양하다. 하지만 교육담당 부서 주도로 이루어지는 교육의 경우 코칭과 멘토링, 이러닝, 오프라인 교육, 컨퍼런스 등 모두월 단위나 분기 단위의 계획하에 이루어지고 있음을 살펴볼 수 있다. 학습자들이 일 단위, 주 단위로 진행하는 학습은 웹서치, 기사와 블로

■ 학습자 주도 학습과 교육전문가 주도의 학습

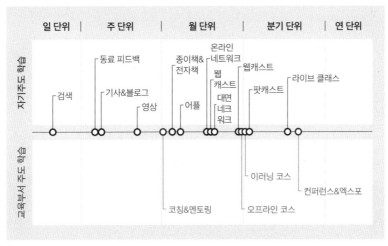

출처 https://www.looop.co/articles/learning-in-the-workflow-2/

그, 동료와의 상호작용, 유튜브나 사내 교육사이트 영상들이다. 워크플로우 러닝 담당자는 이부분에 반드시 주목해야 한다. 일 단위, 주 단위에서 많은 부분의 워크플로우 러닝이 이루어지고 있기 때문이다. 이들의 일 단위, 주 단위의 학습니즈를 충족시켜줄 다양한 방법이 필요하다. 그렇다면 일 단위, 주 단위 학습은 어떻게 지원할 수 있을까?

학습경험플랫폼이 웹서치와 기사 및 블로그 자료 지원

학습자들은 웹서치 그리고 기사와 블로그를 찾는 데 어려움을 느낀다. 방대한 양의 인터넷 환경에서 자신과 업무에 맞는 적절한 콘텐츠를 찾는 과정은 쉽지 않을 때가 많기 때문이다. 따라서 학습경험플랫폼 내에 다양한 외부 콘텐츠를 입점 혹은 연결시켜 업무에 적합한 콘텐츠를 빠르게 찾고 이를 학습할 수 있도록 지원하는 것이 필요하다.

마이크로 러닝 지원

일 단위, 주 단위의 학습은 짧게 배워 바로쓰는 경우가 많다. 따라서 마이크로 러닝을 통한 학습방법이 많이 활용된다. 조직 내 마이크로 러닝 사이트를 풍성하게 구성하고 여기에 유튜브 등 외부의 좋은 콘텐츠를 연결시키는 것이 중요하다. 또한 업무에 필요한 영상을 바로 찾아 활용할 수 있도록 큐레이션 기능까지 함께 지원한다면 더욱 좋을 것이다.

학습커뮤니티의 활성화

동료에게 물어보는 것만큼 정확한 지식을 얻을 수 있는 방법은 많지 않다. 구성원들 간에 다양한 상호학습이 이루어지도록 지원하는 것이 필요하다. 디지털 커뮤니티상에서 다양한 질문과 답변이 활성화 될 수 있도록 유도해야 한다. 필요하다면 포상이나 이벤트 등을 활용해 조직 내에서 지식이 자유롭게 생성되고 공유되고 재창조되도록 이끌어주는 것이 필요하다.

디지털과 결합된 통합 학습
하이브리드 러닝

디지털 트랜스포메이션과 코로나19로 인해 비즈니스 환경은 디지털과 오프라인이 빠르게 결합하고 있다. 즉 하이브리드화되고 있는 것이다. 업무환경 또한 디지털과 오프라인이 결합되어 재택이나 사무실 등 어디서나 근무할 수 있는 하이브리드 업무환경이 일반화되고 있다. 코로나19 이후 교육이 100% 오프라인으로 돌아가거나, 100% 디지털로 전환되리라고 예견하는 교육전문가들은 없다. 디지털과 오프라인 교육의 장점이 최적으로 조합될 것이라는 예측이 지배적이다. 즉 교육도 비즈니스나 업무환경과 마찬가지로 하이브리드화 될 것이다. 디지털과 오프라인이 결합되어 더 나은 교육으로 발전하는 것이 하이브리드 러닝이다.

하이브리드 러닝에는 협의의 의미와 광의의 의미가 있다. 글로벌 디스플레이 전문업체 뷰소닉 라이브러리ViewSonic Library에 따르면 '하이브리드 러닝이란 실시간으로 오프라인 학습과 버추얼 러닝이 동시에 이루어지는 것'으로 협의의 하이브리드 러닝을 정의한다. 실시간 교육이 온오프라인으로 동시에 이루어지는 것을 의미하는 것이다. 반면 딕셔너리닷컴Ditionary.com은 '오프라인 학습경험이 온라인 학습경험과 결합되거나 (실시간과 비실시간의 상호작용 포함) 온라인 학습경험으로 대체되는 것'을 의미한다고 광의의 하이브리드 러닝을 정의하고 있다. 요컨대 광의의 하이브리드 러닝은 온라인과 오프라인이 통합되는 것을 말한다. 우리가 이 책에서 다루고자 하는 부분은 디지털과 오프라인의 결합을 의미하는 광의의 하이브리드 러닝이다.

워크플로우 러닝은 결국 디지털과 오프라인이 결합한 형식으로 구현된다. 때문에 하이브리드 러닝은 워크플로우 러닝의 구현에 반드시 필요한 개념이다. 그렇다면 하이브리드 러닝은 디지털과 오프라인을 결합해 어떻게 교육을 더욱 효과적으로 만드는 것일까?

하이브리드 러닝을 통한 교육의 확장 방식 중 첫 번째는 오프라인을 중심으로 하는 정형학습에 디지털 툴과 플랫폼을 결합해 학습효과와 몰입을 향상시키는 것이다. 정형학습은 크게 3가지로 나눠볼 수 있으며 실시간과 비실시간 축과 온라인과 오프라인 축에 따라 구분할 수

■ 하이브리드 러닝의 확장 1: 디지털 툴&플랫폼의 활용

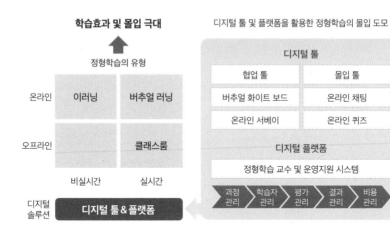

있다. 오프라인 교육은 실시간과 오프라인의 영역에, 이러닝은 온라인과 비실시간의 영역에, 버추얼 러닝은 실시간과 온라인 영역에 해당하는 것이다.

하이브리드 러닝의 첫 번째 방식은 정형학습에 디지털 툴과 플랫폼을 결합해 기존의 정형학습에 몰입과 효과를 더하는 것이다. 예를 들면 디지털 게임 툴인 카훗이나 퀴즈앤을 활용하면서 오프라인 교육의 몰입과 재미를 배가시킬 수 있다. 또한 버추얼 러닝 중에서 협업 툴인 패들렛을 활용해 함께 아이디어 공유 활동을 할 수 있다. 즉 기존의 정형학습에 디지털 툴인 협업, 몰입, 화이트보드, 채팅, 온라인 서베이, 온라인 퀴즈 등을 결합함으로써 교육의 몰입과 재미, 그리고 이를 통

한 효과를 향상할 수 있다. 또한 오프라인 교육의 교수와 행정·운영 편의를 위한 학습관리시스템 등의 플랫폼을 통해 효율적인 지원을 할 수 있다. 플랫폼의 과정 관리, 학습자 관리, 평가 관리, 결과 관리, 비용 관리 등의 기능은 효율적인 교육행정을 지원하여 교수자와 운영자들을 직간접적으로 지원한다.

하이브리드 러닝으로의 두 번째 확장은 정형학습의 유기적 결합이다. 이러닝, 버추얼 러닝, 오프라인 교육은 각각의 특성 및 장점을 가지고 있다. 오프라인 교육은 상호작용과 효과에 장점을 가지고 있는 반면 시공간적인 제한이라는 단점을 지니고 있다. 이러닝은 학습효과가 상

■ 하이브리드 러닝의 확장 2: 정형학습의 유기적 결합

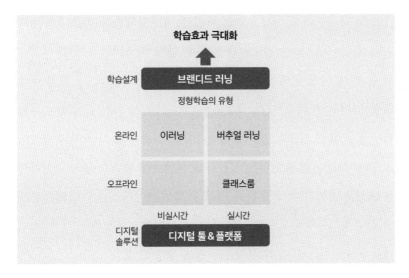

대적으로 떨어진다는 단점은 있으나 반복활용이라는 측면 그리고 시공간적 제약을 벗어난다는 장점을 가진다. 버추얼 러닝은 오프라인과 동일하게 실시간으로 진행되는 장점을 가지고 있으나 상호작용 측면에서는 오프라인에 비해 부족한 것이 사실이다. 이런 정형학습들의 장점을 극대화하고 단점을 최소화하는 방법으로 교수자가 교수설계를 통해 학습방식을 유기적으로 결합하는 브랜디드 러닝이 하이브리드 러닝 확장의 두 번째 방식이다. 정형학습을 유기적으로 결합시킴으로써 전체 프로그램의 효과를 극대화하는 방법이라 할 수 있다. 예를 들어 오프라인 교육+이러닝, 오프라인 교육+버추얼 러닝, 이러닝+버추얼 러닝+오프라인 교육 등 최적화한 다양한 조합으로 프로그램을 구성할 수 있다.

마지막 하이브리드 러닝으로의 확장은 비정형학습과 비즈니스 성과와의 결합이다. 기존 정형학습 방식에 멘토링, 코칭, 유튜브, 성과지원 툴 등의 다양한 비정형학습 방식을 결합해 학습몰입 및 효과 극대화를 넘어 비즈니스 성과 극대화를 지향하는 방식이다. 학습설계를 적용했을 때는 정형학습과 비정형학습을 결합시킨 러닝 저니 방식이 대표적이다. 콘텐츠 영역은 정형학습 콘텐츠에 유튜브 등 비정형학습 콘텐츠를 결합한다. 플랫폼은 LMS 등 학습관리시스템을 더해서 LXP의 학습경험플랫폼으로 확장되며 EPSS^{Electric Performance Support System}(성과지원 온라인 시스템) 등의 성과 플랫폼과 결합된다.

■ 하이브리드 러닝의 확장 3: 비정형학습과 성과지원 극대화

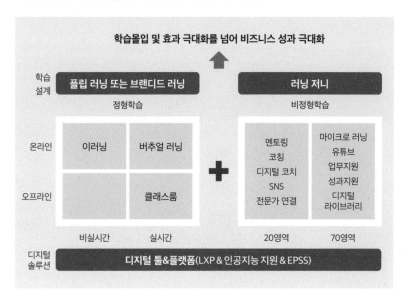

워크플로우 러닝이 일어나는 환경은 디지털과 오프라인이 결합되는 환경이다. 이런 환경에서는 100% 오프라인 교육과 100% 온라인 교육이 아닌 하이브리드 러닝의 제공이 필요하다. 또한 디지털과 오프라인이 결합된 하이브리드 러닝은 다양한 결합 방식을 통해 기존의 오프라인 교육 중심의 교육가치를 월등히 높일 수 있다. 이런 측면에서 워크플로우 러닝에서 하이브리드 러닝은 반드시 주목하고 염두에 두어야 한다.